한글을
알면
영어가
산다

한글을 알면 영어가 산다

초판 1쇄 발행 2016년 9월 30일

글쓴이 김옥수
펴낸이 김소연
표지 이유빈

펴낸곳 비꽃
등록 2013년 7월 18일 제2013-000013호
주소 서울 강북구 삼양로 16길 12-11
이메일 rain__flower@daum.net 전화 02)6080-7287 팩스 070)4118-7287
홈페이지 www.rainflower.co.kr

ISBN 979-11-85393-25-4 (03700)

이 도서의 국립중앙도서관 출판시도서목록(CIP)은 서지정보유통지원시스템 홈페이지(http://seoji.nl.go.kr)와 국가자료공동목록시스템(http://www.nl.go.kr/kolisnet)에서 이용할 수 있습니다.
(CIP제어번호: CIP2016022664)

값 13,000원

이 책은 한국출판문화산업진흥원 2016년 우수출판콘텐츠 제작 지원 사업 선정 작품입니다. 또한, 저작권법으로 보호받는 저작물로 무단 전재와 무단 복제를 금지합니다.

한글을
알면
영어가
산다

번역 방법론
김옥수

| 차례 |

1부
이론 점검

1장 들어가는 글

1. 모국어는 사고력과 이해력의 근간이다

인간은 언어를 사용하는 동물이다. 세상에 태어나서 모국어를 통해 사고력과 이해력을 키우고 사회에 진출할 근간을 확보한다면, 외국어를 습득해 세계로 뻗어 나갈 방편을 마련한다. 그래서 모국어나 외국어 학습에, 아니, 우리는 외국어 학습 자체에 특히 많은 시간과 노력과 자금을 투여한다. 하지만 모국어로 말할 수 없는 내용은 외국어로도 말할 수 없다. 외국어를 잘하려면 모국어부터 잘해야 한다. 모국어로 사고력을 키워나가면 외국어 자체는 떨어져도 거기에 멋들어진 내용을 담을 수 있는데, 사고력이 부족한 상태에서는 외국어를 아무리 잘해도 거기에 담을 내용은 허섭스레기밖에 없다.

한국인과 일본인은 영어 학습에 가장 많은 노력과 시간과 돈을 들이면서도 다른 어느 나라보다 영어를 못한다. 영어 사대주의 역시 어느 나라보다 심하다. 일본은 메이지 유신 당시에 번역청을 설립해서 외국문물을 습득하며 나라 전체를 개조하느라 자국의 모든 것을 부정하고 외국어에 빠져들었다. 그 전통이 지금도 그대로 이어지고, 우리 역시 그 전통을 이어받은 결과다.

인간은 세상에 태어나서 모국어로 보살핌을 받고 옹알이를 하고 주변을 살피면서 사고능력을 하나씩 정립한다. 말을 못할 때부터 모국어를 듣고 모국어에 근거해서 주변을 익히고 세상을 배운다. 세상 모든 걸 모국어로 정립하고 표현한다. 모국어는 우리가 세상을 이해하는 창구며, 생각과 논리를 담는 그릇이며 그 내용을 밖으로 드러내는 수단이다. 그런데도 모국어를 배제한 채, 모국어와 외국어가 지닌 특징과 차이를 배제한 채, 외국어를 무조건 암기하는 식으로 공부하는 자세는 모국어도 해치고 외국어 학습 능력도 저해할 수밖에 없다.

우리는 영어를 '듣기, 말하기, 쓰기, 읽기'로 배우지만 중국은 여기에다 '번역하기'를 넣어서 두 언어의 특징과 차이를 익히고 자국어를 보호한다. 우리는 'G20 정상회담'이라고 부르지만 중국은 '20국 집단 정상회담'이라고 부른다. 서양 선진국 역시 어디든 모국어를 가장 중요한 교과목으로 다룬다. 모국어를 통하지 않고선 무엇도 이해할 수 없으며, 급기야 사회 공동체조차 유지할 수 없기 때문이다.

미국은 초등학교는 물론 이공계 대학원까지 영작문 학습에 상당한 시간을 배정한다. 이해력 함양과 동시에 표현력을 증진하자는 거다. 과학기술 수준이 세계 최고라는 독일 역시 독어 학습을 가장 중시한다. 고등학교에 이과 자체가 없다. 모국어는 수학과 과학을 비롯해 모든 학문을 표현하고 이해하는 바탕이니, 모국어를 못하면 다른 과목도 잘할 수 없기 때문이다. 반면에 우리는 어떤가? 초등학교부터 수학에 치중하고 나중에는 영어와 수학에 치중하니, 고등학교까지는 수학이 세계 최고 수준이지만 대학부터는 나락으로 떨어지지 않는가? (번역 서적은 물론) 국어책에 실린 문장조차 우리말 어법에 어긋나도 문제 삼는 사람은 극소수에 불과하지 않은가?

모국어는 우리가 세상을 이해하고 소통하는 근간이며 공동체를 유지하는 수단이다. 외국어를 배울 때도 우리는 모국어에 근거한다. 콩글리시란 표현은 한국식 영어란 뜻이고, 이는 우리말에 근거해서 영어를 구사하는 현실을 반영한다. 문제는 우리가 한글을 미처 깨우치지 못한 상태에서 영어에 너무 일찍 빠져들어 너무 많은 시간을 투여한다는 것, 우리가 사고하고 이해하는 틀을 - 모국어를 - 외면한 채 영어를 무작정 암기한다는 것, 그래서 한글도 망치고 영어도 망치고 수학도 망치고 과학도 망치고 소통도 망친다는 사실이다.

사실, 우리는 초등학교 때 '철수야, 영희야 놀자'는 내용으로 초보적인 한글을 깨우치고 곧바로 영어 학습에 들어가, 영어를 독해하며 한글을 본격적으로 배운다. 이런 식이다.

The book is on the desk. 책은 책상 위에 있다.
My mother is in the room. 어머니는 방 안에 있다.

영어는 과학적인 언어다. 문장에 시제와 공간이 모두 들어간다. 그런데 우리말은 감성적인 언어다. 서로 아는 내용은 생략하는 구조다. 주어도 생략하고 시제도 생략한다. 기본적으로 현재형으로 모든 걸 표기하며, 당연한 내용은 생략한다. '책은 책상에 있다'는 정도로, '어머니는 방에 계신다'는 정도로 충분하다. '책상 위'는 공중이다. 영어에서는 above the desk라고 한다. 그런데도 독해 과정을 통해서 들어온 '책상 위'와 '방 안'이라는 영어식 표현이 한글을 헝클어뜨린다.

우리 머릿속에 존재하는 모국어는 당연히 '책은 책상에 있다'고,

'어머니는 방에 계신다'고 하니, 이를 영작할 때 (복잡한 내용일 때는 더더욱) on the desk가 안 떠오르고, in the room이 안 떠오르는 거다. 물론, 우리말은 전치사가 없는 반면에 조사(후치사)를 중시하고 영어는 후치사가 없는 반면에 전치사를 중시하는 이유도 있다. 따라서 두 언어의 특징과 차이를 모르면 당연히 영작이 어렵고 국역 역시 어려울 수밖에 없다.

이런 문제를 극복하기 위해 한글식 사고를 영어식 사고로 바꿔야 한다는 주장까지 나오고, 또 많은 사람이 그렇게 시도하는데, 이는 한글도 망치고 영어도 망치는 지름길이며, 행여나 성공해서 영어를 정복했다고 해도 한글과 영어가 머릿속에 이질적으로 존재하니, 정신분열 현상으로 이어지기에 십상이다. 게다가 영어를 아무리 잘한다 해도 우리말로 표현할 수 없는 건 영어로도 표현할 수 없으니, 내용 역시 그만큼 짧을 수밖에 없다. 모국어 실력에 기초해서 영어를 구사할 수밖에 없는 현실을 말하는 거다.

문학과 철학과 대화는 논리 형식을 취한다. 논리를 술술 풀어가면 듣는 사람이든 보는 사람이든 이해가 쉽고, 논리가 엉키면 그만큼 어렵다. 이런 현상은 번역에서 수없이 나타난다. 번역서를 원문과 대조한 결과, 번역가가 원문을 제대로 이해한 흔적은 또렷해도 우리말 어법에서 헝클어지며 결과적인 오역으로 나온 사례는 정말 많다. 여기에다 번역가가 원문까지 제대로 이해를 못 하면 논리는 그만큼 더 헝클어지니, 보는 사람으로선 정말 딱딱하고 어려울 수밖에 없다. 우리나라에 나온 수많은 번역소설이, 고전문학 번역소설은 더더욱, 딱딱하고 어려운 이유다.

나는 스무 살부터 영어에 흠뻑 빠져서 십 년을 보내고 이후 30년 동안 한글과 영어로 밥 먹고 살았다. 그러면서 한글과 영어가 지닌 각각의 특징과 차이에 대해 깊이 생각했다. 학계에서 연구하고 발표한 다양한 논문도 탐독하고 정리했다. 한글과 영어는 당연히 뿌리도 다르고, 등걸도 다르고, 가지도 다르고, 잎사귀도 다르다. 그래서 각각의 특징과 차이를 뿌리부터 잎사귀까지 정리하려고 노력했다. 하지만 직업이 번역가인지라, 영문을 한글로 바꾸는 시각에서 정리했으니, 지혜로운 독자라면 역으로 사고해 한글을 영문으로 바꾸는 방법도 정리할 수 있으리라 믿는다. 그래서 각각의 특징과 차이를 정확히 이해해, 한글도 살리고 영어도 살리길 바란다.

2. 나는 어떻게 청소년 문학 번역가가 되었는가!

번역을 천직으로 생각하며 30년을 살았다. 골방에 틀어박혀 등에서 흐르는 식은땀을 느끼며 작업했다. 너무나 지겨울 때는 '일할 수 있다는 건 은총'이라고 스스로 최면을 걸면서 이겨나갔다. 이렇게 번역해서 출간한 책이 어느새 삼백 여권에 달하니 스스로 생각해도 대견하다. 청소년 성장소설을 작업할 때는 깊이 감동하고 SF를 할 때는 과학적 상상력에 감탄하고 전쟁 역사물을 할 때는 과거에 살던 인간의 고통과 고뇌에 전율하다가 눈앞에서 웅장하고 생생하게 벌어지는 전투 장면에 숨이 막히고 판타지를 할 때는 인간의 무한한 상상력과 욕망을 느꼈다.

하지만 나에게도 처음 번역하던 시절이 있다. 우연히 작업 의뢰를 받고는 번역이 두려워서 영어 원서와 그걸 번역한 일서를 비교하고 검토하면서 작업했다. 아시모프의 파운데이션 시리즈다. 그런데 일서에서 엉뚱한 오역을 참 많이도 발견했다. 일본에서 최고라고 인정하는 번역가 작품인데도 말이다. 어린 마음에 의기양양했다.

원고를 건네고 지적을 두 차례 받았다. 쉼표가 너무 많다는 것과 한글을 한글답게 써야 한다는 지적이다. 내가 보는 앞에서 문장을 이리저리 고치는데, 언어의 마법사 같았다. "감히 영어 표현방식과 순서를 바꾸다니!" 정말 커다란 충격을 받았다. 번역한 내용을 한글 특징에 맞게 자유롭게 바꿀 수 있다는 자체를, 그런 과정을 꼭 거쳐야 한다는 사실을 처음으로 깨달았다. 학교에서 가르치는 독해 방식만 알다가 신천지를 발견한 느낌이었다. 번역에 대해 새롭게 자각하는 순간이었다. '우리말'에 대해서 공부했다. 이후에는 특별한 지적 없이 꾸준히 작업할 수 있었다. 굳이 논쟁했다면 한글 번역의 원칙을 둘러싼 논쟁 정도였다.

번역을 인연으로 저작권사 영미권 담당 부장도 하고 출판사 편집 부장도 했다. 편집부장을 할 때는 번역가에게 많은 작업을 의뢰했다. 나름대로는 고르고 골라 최고로 대우하면서 말이다. 그런데 마음에 드는 번역물이 하나도 없었다. 아빠가 어린 딸을 바라보면서 '저 애가 자라면 언젠가는 멋진 청년을 데려와서 결혼하겠다고 하겠지. 그럼 나는 뭐라고 말할까?'라고 생각하며 미래를 꿈꾸는 장면인데, '갑자기 이웃집 아저씨가 들어와서 딸을 성폭행하면 나는 어떻게 할까?'라는 엉뚱한 장면으로 묘사할 정도였다. 당연히 원문을 일일이 대조하며 처음부터 다시 작업했다. 많은 회의를 느꼈다.

하지만 더욱 커다란 고민은 고생해서 책을 내도 시장반응은 시원치 않다는 거다. 1990년대 초반까지만 해도 거의 모든 출판사가 성인 대상 단행본에 목을 맸다. 그런데 이런 출판물은 특징이 있다. 당연히 신작이니 신문광고를 통해 독자에게 알려야 한다는 거다. 그래야 서점에서 주문이 들어온다. 비용이 만만치 않았다. 종이와 인쇄비용 그리고 인건비까지 건지려면 삼천 부는 팔아야 하고 광고비까지 건지려면 최소한 오천 부는 팔아야 한다. 그런데 당시 출판협

회가 조사한 통계에 의하면 신작 판매 부수는 평균 2,200부에 불과하다. 책을 내면 손해나는 구조였다. 기획과 편집을 담당한 나로선 하루하루가 피를 말리는 시간이었다. 성인 대상 단행본 시장이 한계에 도달했다는 사실을 인정하지 않을 수 없었다.

그런데 미국에는 한국에 없는 장르가 있었다. 청소년 문학이다. 직접 확인하고 싶었다. 미국에 출장 가서 서점을 돌아다녔다. 서점마다 청소년물이 차지한 널찍한 공간을 확인했다. 새로운 가능성을 보았다. 제일 크다는 서점에 진 치고 앉아서 책을 골랐다. 청소년 문학작품 백여 권을 사들였다. 당시에 미국에서 인정받고 우리나라 정서에도 적합한 작품이었다. 나는 한국으로 돌아와서 사장님한테 건의했다.

"우리나라는 청소년층이 매년 백만 명씩 늘어나는데, 청소년이 읽을 만한 책은 없습니다. 앞으로 그쪽 시장을 겨냥합시다."

하지만 사장님은 한국에서 가장 커다란 아동 전집물 출판사 고용 사장을 오랫동안 하신 경험 때문에 청소년물을 아동물의 연장선으로 여기고 단호하게 거절했다. 자신이 경영하던 출판사와 경쟁할 수 없다는 의리 때문이다. 나는 다시 깊은 회의에 빠졌다. 노동의 결과가 적자로 나타나는 현실을 더는 견딜 수 없었다. 그래서 결국 퇴사하고 말았다. (나중에 알았는데, 적자는 아니었다. 경리직원이 상당한 액수를 횡령한 사실이 드러났는데도 출판사는 끄떡없이 굴러갔으니 말이다. 자본주의 사회가 지닌 미스터리다.)

미국에서 사들인 서적 백여 권 가운데에서 사십여 권을 추렸다. 그리고 여러 출판사를 찾아다니며 설득했다.

"기존의 청소년 문고판 시장은 완전히 사양길에 접어들었다. 앞으로는 청소년 장르가 새롭게 열릴 것이다. 지금 미국에서 가장 잘 나가는 책 사십 권만 내면 시장을 선점할 수 있다. 경쟁이 없으니 저작권 비용도 저렴하다."

그래서 나온 게 '돼지가 한 마리도 죽지 않던 날', '푸른 돌고래 섬' 등 여섯 종이다. 두 출판사에서 세 권씩 시험 삼아 출판했다. 새로운 장르가 나오자, 서점은 책을 어디에 진열할지 몰라 기둥 뒤에 꽂았다. 판매는 당연히 저조했다. 그렇게 한 해를 넘겼다. 하지만 독자에게 필요한 책은 입소문을 탈 수밖에 없다. 교육정책도 독서를 중시하는 방향으로 변했다. 책을 찾는 독자가 서서히 늘어나더니, 어느덧 스테디셀러로 자리를 잡았다. 많은 출판사에서 청소년 장르에 본격적으로 뛰어들고 나는 어느 사이에 청소년 문학번역 작가로 자리매김했다.

3. 새로운 영역을 찾아서

좋은 책은 5년, 10년, 20년이 지난 후에 개정판을 내려고 혹은 다른 출판사로 저작권이 넘어가면서 번역 의뢰를 다시 받을 때가 있다. 오래전에 내가 작업한 책을 원서와 대조하며 다시 작업하는 것이다. 그럴 때마다 얼굴이 빨갛게 달아오르는 걸 느낀다. 나 자신도 이해할 수 없는 오역을 마주하기 때문이다. 그럴 때마다 '내가 왜 이렇게 번역했을까?' 곰곰이 생각한다. 가장 많이 나타나는 실수는 단어 알파벳 하나를 잘못 읽는 경우이다. 'click'을 'clock'으로 읽거나 'brackish'를 'blackish'로 읽는 것이다. 'black'의 형용사 정도로 여기면서 말이다. 두 번째로 많이 나타나는 실수는 문맥을 잘못 파악하는 경우다. 문장 자체는 물론 문단 전체를 빼먹고 넘어갈 때도 있다. 바삐 작업하다가 놓친 것이다. (뇌파가 삼십 분에 한

번씩 잠든다는 과학계 발표는 나에게 좋은 변명거리다.)

가끔은 고전 작품도 의뢰받는다. 우리가 지금 살아가는 사회현실이 결과라면 고전 작품은 그 과정을 설명하는, 독자에게 가장 오랫동안 검증받은 장르다. 신간 소설을 발간하면 오 년 이상 살아남는 게 거의 없는데, 전 세계 독자에게 백 년이 넘도록 사랑받으니, 얼마나 대단한가! 묵직한 느낌이나 감동 자체가 남다르다.

하지만 이런 작품을 의뢰받으면 서점에 나가서 검색부터 한다. 제대로 번역한 작품이 시중에 나왔는데 다시 출판하는 건 낭비기 때문이다. 하지만 다행인지 불행인지, 기존에 출간한 작품은 하나같이 딱딱하고 무겁고 엉뚱하다. 제대로 읽히질 않는다. 이건 원서의 문제가 아니라 번역의 문제다. (주입식 교육에 익숙한 독자 대부분은 이걸 원서의 문제로 받아들이는데, 이는 번역 수준이 발전하는 걸 막는 핵심 요소다.) 딱딱하고 무거운 이유는 한글 표현방식을 무시한 채 영어 표현방식을 그대로 살렸기 때문이고, 엉뚱한 이유는 오역 때문이다. 원서 자체가 내용이 딱딱하고 무겁고 엉뚱하다면 애초에 독자에게 그만한 사랑을 받을 수 없으니 말이다. 재미와 감동과 교훈이란 측면에서 탁월하지 않다면 전 세계 독자에게 어떻게 백 년 넘게 사랑받을 수 있겠는가!

우리 번역 수준은 우리 문화 수준을 그대로 반영한다. 한글 번역은 외국 문화의 정수를 우리나라에 도입하는 과정이며 독자층은 한국인이니, 내용은 원문에 충실하고 결과물은 한글 형식에 충실해야 한다. 하지만 한글이란 가면을 쓴 영어가 번역서라는 형식으로 나오는 현실은 우리 문화 발전에 암적인 요소로 작용하고 독자는 그만큼 독서를 외면할 수밖에 없다. 새로운 도전의식을 느끼는 순간이다.

사실, 우리가 한글을 떳떳하게 사용한 역사는 정말 짧다. 세종대왕이 한글을 창제하시고 백성에게 가르쳤으나, 한문을 사용하는 기득권층은 언문이라며 억누르고 연산군은 폭정을 비판하는 대자보를 작성했다는 이유로 언문을 탄압했다. 고종 때 비로소 국문으로 선포하나 곧바로 일본어에 억눌리니, 일반이 제대로 사용한 건 해방 이후에 불과하다. 하지만 해방 후에는 한문과 일본어뿐 아니라 영어까지 한글을 왜곡하는 게 현실이다.

해방 직후에 여러 출판사에서 '세계명작 시리즈'를 숱하게 출간하는데 하나같이 일본 책을 중역하다가, 35년이 지난 1980년대에 비로소 외국어 전공자가 다양하게 나타나면서 출판계를 중심으로 '중역 몰아내기 운동'을 시작한다. 하지만 새롭게 등장한 번역가들은 전공언어를 중시하는 반면에 한글을 제대로 모르니 '한글이란 가면을 쓴 외국어'가 나타나면서 한글을 또다시 왜곡하고, 독자층은 '한글을 제대로 구사한 번역서'를, 그나마 읽을만한 번역서를 갈망하는 현실에 봉착했다.

한글은 우리가 머릿속으로 사고를 전개하는 틀이니, 한글이 흔들린다는 건 우리 정체성과 주체성이 흔들린다는 의미며 따라서 사회는 그만큼 혼란할 수밖에 없다. 한글 번역과정은 '원문의 노예'가 됐다가 '한글의 노예'로 전환하는 과정이어야 한다. 전자가 초역이라면 후자는 한글 표현기법에 근거한 교정교열 과정이다. 그러나 지금 우리 번역계와 출판계는 '원문의 노예' 상태에서 벗어나질 못하고, 교정교열을 보는 과정은 바람직한 우리말을 원문 표현기법으로 되돌리는 과정이니, 그 결과는 독자 외면과 출판계의 만성적인 불황, 우리 문화의 공동화 및 천박화로 나타날 수밖에 없다.

해방 후 35년이 지나서 출판계는 '중역 몰아내기 운동'을 시작하고, 또 35년이 흘렀다. 이제 우리는 한글을 정확히 익혀서 '한글의 노예' 과정을 번역과 출판에 도입할 때가 찾아왔다. 번역계와 출판계 중심으로 '우리말 살리기 운동'을 본격적으로 전개해야 한다. 우리말을 정확히 모르는 상태에서 '우리말 살리기 운동'을 입으로만 주장하는 게 아니라, 우리말부터 정확히 파악하고, 원문을 담은 언어와 어떤 차이가 있는지 구체적으로 깨닫고, 여기에 근거해서 번역도 하고 교정교열도 보아야 한다. 그래서 출판계는 물론 우리 문화의 활로를 찾아야 한다.

번역생활 25년을 보낼 즈음이면 번역에 관해서 인간이 겪을 수 있는 건 모두 겪는다. 그걸 체계적으로 정리해서 '한글의 노예' 과정을 번역과 출판에 도입하고 싶었다. 번역가를 지망하는 분에게 나름 대로 도움을 줄 수 있겠다는 생각도 들었다. 그래서 바람직한 공동체를 위해 나름대로 이바지하고 싶었다. 한겨레 문화센터에서 번역수업을 시작한 계기다.

번역수업을 진행하다가 정말 많은 걸 느낀다. 수강생이 제출한 과제물을 검토하다 보면 번역을 지망하는 분이 지닌 장단점도 골고루 확인한다. 일반적으로 나타나는 오류는 우리말과 영어에서 오는 차이를 모른다는 사실이다. 사실, 우리는 우리말에 기초해서 외국어를 공부할 수밖에 없다. 인식능력을 제어하는 언어는 바로 우리말이기 때문이다. 그런데 우리말과 외국어가 지닌 특징 및 차이를 외면한 채 단어나 문장이나 문법에 얽매이니, 영어는 어렵고 우리말은 망가진다. 이런 문제는 수강생들에게 그대로 드러난다.

따라서 처음에는 너무나 당연한 기초부터 짚으면서 나아가야 했다. 머릿속에만 존재하던 관념적 사고가 깨지는 순간이다. 이상한 부분을 지적하고 극복하는 과정에서 나 자신이 느끼던 고민까지 체계적으로 풀어갈 수 있었다. 재미있는 건 수업을 하다 보니 나 자신도 번역 실력 자체가 (우리말은 물론 영어 실력 자체가) 늘어나는 걸 느낀다는 사실이다. 우리말과 영어가 지닌 각각의 특징을 체계적으로 정리한 결과다. 개구리가 우물에서 튀어나와 많은 사람과 교류하며 한글의 특징과 영어의 특징을 토론한 결과다. 그래서 '한글을 알면 영어가 산다'는 원고를 정리하게 되었다. 그 내용을 지금부터 여러분 앞에서 최대한 솔직하게 풀어나가고자 한다. 이 과정은 당연히 우리말과 영어가 지닌 각각의 특징과 차이를 밝히고 극복하는 과정이, 한글 원리를 이해하고 여기에 근거해 영어 원리를 파악하는 과정이 될 것이다.

고전의 힘

한겨레 문화센터에서 수업 교재로 찰스 디킨스의 '크리스마스 캐럴'을 활용하다가 깜짝 놀랐다. '크리스마스 캐럴'을 '스크루지 영감'이 나오는 아동물 정도로 여겼는데, 원작은 휴머니즘에 근거해 현대문명을 처절하게 비판하는, 지금까지 알던 것과 완전히 다른 내용이었기 때문이다. 문장이 복잡하고 화려하다 보니, 내용을 해석할 수 없어 이미지만 따서 동화처럼 만든 것이다. (이는 '올리버 트위스트'도 마찬가지다.)

원문 문장이 참으로 화려하고 아름다우며 풍자는 너무나 대단한 나머지, 나는 찰스 디킨스 문학세계에 푹 빠지게 됐다. 그리고 '비꽃 출판사'를 설립해, 찰스 디킨스 선집 10권 출간을 시작으로, 고전 작품을 모두 새롭게 번역해서 출간하는 목표를 세웠다. '원작을 정확히 해석해서 우리말 어법에 충실하게 담는다'가 기본원칙이다.

사실, 고전은 백 년 넘게 전 세계 수많은 독자에게 검증받고 사랑받은 작품이다. 재미있고 감동적이며, 과거를 통해 현재를 이해하도록 도와주기 때문이다. 우리나라에서 고전이 딱딱하고 재미도 없다면 그건 원작의 문제가 아니라 번역의 문제다. 제대로 번역한 고전은 독자에게 평생 감동으로 남는다. 그게 고전의 힘이다.

자장면과 짜장면

'짜장면'은 원래 '자장면'이 바른 글자였다. 이희승이 조선어를 일본어 어문체계에 편입하려고 정리한 외래어 표기원칙에 따른 결과다. 한국어는 '예사소리-된소리-거센소리' 3중 자음 체계를 사용하는데 일본어는 '무성음-유성음' 2중 자음 체계를 쓰니, 여기에 따라 한국어에서 된소리를 없앤 거다. 하지만 한글은 소리글자다. 된소리는 된소리대로, 원산지 발음은 원산지 발음대로 표기할 수 있는 장점이 있다.

'짜장면'은 중국에서 나온 '작장면(炸醬麵)'이 어원으로, 중국사람들은 '짜장몐'이라고 발음하니, '짜장면'은 '면'도 살리고 어원도 살리는 훌륭한 표현이다. 한글 표준어 역시 '교양 있는 사람들이 두루 쓰는 현대 서울말'이고, 서울사람 대부분은 '짜장면'이라고 부른다. 그런데도 표기는 '자장면'으로 해야 했다. 언론사 기자들은 신문기사에 '자장면'으로 표기하자는 결의까지 했다. 그러나 발음과 다르게 표기하는 문제는 '한글 원리'라는 논쟁으로 불거지고, 국립국어원은 결국 '짜장면'을 2011년 8월 31일에 비로소 '복수표준어'로 인정한다.

그런데 이희승이 정립한 외래어 표기원칙은 현재도 그대로 이어지니, 우리가 말하는 해산물 '쭈꾸미'는 '주꾸미'로 써야 하고 '짬뽕'은 '잠뽕'이 옳은지 '잠봉'이 옳은지 헷갈리며, 국립국어원에선 '초마면'이 옳다고 주장한다. '닭도리탕'은 '닭을 도려내서 만든 한국음식'이며 일본에선 우리말 발음표기에 따라 '탓토리탄'이라고 하는데, 국립국어원에서 닭도리탕은 일본어 잔재니 '닭볶음탕'이 올바른 표준어라고 주장한다. 이희승의 한계가 지금까지 이어지는 것이다.

2장 번역이란 무엇인가?

1. 두 문명을 잇는 통로, 두 주인을 섬기는 노예

　번역은 외국 문화에서 필요한 정보를 선택하고 체계적으로 정리해서 국내에 소개하는 작업이다. 따라서 우선은 외국어 이해 능력이, 둘째로 한글 표현 능력이, 셋째로 외국어를 한글로 적절하게 옮기는 능력이 필요하다. 전자가 부족하면 오역이 나오고 둘째와 셋째가 부족하면 한글이란 가면을 쓴 엉뚱한 언어가 나온다. 어느 쪽이든 외국 문화나 필요한 정보를 제대로 전달할 수 없으니, 번역으로선 낙제라고 할 수 있다.

　번역은 새로운 문명을 배우는 통로며, 따라서 번역역사는 인류역사만큼이나 깊을 수밖에 없다. 인류역사에 최초로 등장한 직업은 교사와 매춘부, 그리고 번역가라고 한다. 쓰지마 유키에 의하면 이집트 고왕국 시대 즉, 기원전 3,000년 무렵에 이집트와 메소포타미아에서 번역활동을 했으며 기원전 900년 무렵에는 카르타고에서 아예 번역을 전문으로 담당한 번역가 계급이 나타났다(번역사 산책, 궁리 출판사, 이희재 옮김).

이런 번역활동은 '선교활동'에서 가장 두드러지게 나타난다. 서양은 기원전 3세기에 구약성서를 그리스어로 완역하고 서기 2세기에는 라틴어로 완역하며, 동양은 중국에서 2세기 중반에 불교 경전을 번역하고 4세기에는 문체와 어휘 선택을 중심으로 다양한 번역을 비교하며 연구한다. 그리고 조선은 훈민정음 반포를 계기로 불교 경전 십여 권을 언문으로 번역한다.

번역은 다른 언어권과 소통하는 수단이기도 하다. 영어권과 불어권이 공존하는 캐나다는 국가를 경영하는 수단 가운데 하나로 번역을 채택하고 1970년대부터 정규교육의 하나로 현대적인 번역교육을 시작했다.

번역은 외국어를 공부하면서 자국어를 발전시키는 일환이기도 하다. 중국에는 번역을 외국어 교육의 하나로 다루는 전통이 있다. 우리가 외국어 교육을 '듣기, 말하기, 읽기, 쓰기'라는 관점에서 진행한다면, 중국은 여기에다 '번역하기'를 덧붙여서 외국어 교육을 완성한다. 중국어 관점에서 외국어를 교육하는 것이다. 다른 문화를 받아들일 때 중화 과정을 밟아야 한다고 생각하는 중국 고유의 전통은 당연히 번역에 많은 비중을 두었으며, 따라서 '외국어를 중국어로 번역하는 능력'을 외국어 교육의 완성으로 본다. 이런 교육방식은 중국어 어문체계를 보호하고 하나로 통일하는 결과로 나타난다. 통역과 번역은 개인에게도 중요한 능력이지만 국가 차원에서도 다른 문화권과 교류하는 중요한 수단이기 때문이다.

그래서 '번역은 두 주인을 섬기는 노예'라고 말한다. 출발어 하나만 초점을 맞춰도 안 되고 도착어 하나만 초점을 맞춰도 안 된다. 출발어가 영어고 도착어가 한글이면 '국역'인 반면에 출발어가 한글이고 도착어가 영어면 '영역'이 된다. 따라서 번역은 1)다른 언어의 제약을 받고 2)원문 내용과 맥락에 충실하면서 동시에 독자의 가독성을 고려하는 양방향성을 지녔으며 3)시간과 문화에 제약받는 특징이 있다. 그래서 현대 번역학을 정립했다고 평가받는 몬다 베이커는 번역의 특징을 아래처럼 규정한다.

2. 번역의 특징

1) **구체화**: 출발어에 담긴 내용을 도착어로 훨씬 또렷하게 표현하는 특징.
2) **단순화**: 출발어보다 도착어를 훨씬 단순하게 표현하는 특징.
3) **표준화**: 도착어 특징이 많이 나타나는 현상.
4) **평균화**: 창작 작품과 달리 번역 작품에서 문장과 표현이 비슷하게 나타나는 현상.

번역 방법과 긴밀한 관계가 있으니, 간단하게 살펴보도록 하자.

1) 구체적으로 표현하는 방법

번역은 외국어를 한글로 한 번 걸러내는 특징 때문에 원문에 담긴 색깔이 그만큼 둔하게 나타난다. 그래서 번역할 때는 더욱 적극적이고 구체적인 표현이 필요하다. 방법은 다양하다. 우선, 대명사를 적극적으로 해석해서 표현하는 방법이 있다.

어머니가 방에 들어왔다. 그녀는 나를 가만히 쳐다보았다.

번역소설에 담긴 내용이다. 그런데 눈에 제대로 안 들어온다. '그녀'라는 대명사 때문이다. '그녀'를 '어머니'로 바꿔보자.

어머니가 방에 들어왔다. 어머니는 나를 가만히 쳐다보았다.

그런데 우리말에서는 주어를 생략하고 평어와 존칭어로 관계를 표현하는 특징이 있다. 주어가 또렷할 때는 생략해야 하며, 관계에 따라서 존칭어와 평어와 낮춤말을 사용하기 때문이다. 그럼 이렇게 바꿀 수 있겠다.

어머니가 방에 들어오셨다. 그래서 나를 가만히 쳐다보셨다.

'어머니'를 '그래서'라는 접속사로 바꾸고, '왔다'와 '보았다'를 '오셨다'와 '보셨다'로 표현하니 두 문장을 잇는 동작과 인과관계까지 살아난다.

둘째, 복수명사를 적극적으로 해석해서 표현하는 방법이 있다. 복수명사는 원칙적으로 우리말에 없다. 외국어에 영향받아 억지로 들여왔다. 그래서 이상하게 나타날 때가 많다. 예문을 보자.

머린은 궁전 다락방 보관함에서 가져온 방석에 앉았다.

표현 자체에는 문제가 없다. 그런데 원문을 보면 '방석'을 'some cushions'라고 표현했다. '방석 여러 장'이란 뜻이다. 그렇다면 '머린은 궁전 다락방 보관함에서 방석을 여러 장 가져와 포개 앉았다'가 된다. 표현이 한층 살아난다. 우리말은 복수명사를 부사로 표현한다는 사실을 잘 보여 주는 사례다. 예문을 더 보자.

요정들은 대부분 끔찍한 냄새가 났다.

'대부분'에는 일반적인 특징을 나타내는 복수 의미가 있다. 여기에 복수형 어미 '들'을 넣는 건 중복이다. '들'을 빼야 한다. '많은 사람들'이란 표현 역시 마찬가지다. '많은' 자체가 다수다. '들'은 중복이다. 둘 가운데 하나를 빼야 한다.

셋째, 수식어를 붙여서 명사를 또렷하게 표현하는 방법이 있다.

세리스 여왕은 통을 보자 백일몽에서 깨어났다.
→ 세리스 여왕은 기다란 통을 보자 백일몽에서 깨어났다.
* '통'이란 표현이 애매해서 '기다란 통'으로 바꾸니, 훨씬 또렷하게 들어온다. 원문 역시 앞에서 통을 기다란 모양으로 설명했다.

넷째, 동작에 부사를 넣어서 강조하는 방법도 있다.

세리스 여왕은 기다란 통을 보자 백일몽에서 깨어났다.
→ 세리스 여왕은 기다란 통을 보는 <u>순간에</u> 백일몽에서 깨어났다.

2) 단순하게 표현하는 방법
초보번역가한테서 많이 나타나는 특징이 있다. 번역표현에 글자나 수식어를 하나라도 더 붙이려고 한다. 원문을 구체적으로 표현하려는 욕구가 그렇게 나타나는 것 같다. 하지만 그런 욕구는 '사족'이라는 역효과로 나타날 때가 많다. 몇 가지 사례와 대안을 보자.

쿼쾨하고 축축한 거리의 그늘에서: 소유격 '의'는 대표적인 번역어투다. '의'를 빼고 읽어보라. 분위기가 살아나지 않는가?

숲에서만 살아서: '~서' 두 개가 중복이다. 우리말은 조사가 절반이다. 문장 흐름을 고려해 '~서' 하나를 생략해야 한다.

오래된 어선 정박항이 나타났다: '어선 정박항'이 이상하다. '항구'나 '어항'이 좋다.

문을 열고 안으로 성큼성큼 걸어 들어왔다: '걸어'가 없으면 더 좋겠다. '성큼성큼'이 걷는 동작을 나타낸다.

마음이 편안했다. 그리고 이런 생각이 들었다: '그리고'라는 사족이 흐름을 깨뜨린다. '마음이 편안했다. 이런 생각이 들었다' 정도가 좋다.

3) 표준성을 살리는 방법

번역하다 보면 '원문의 노예'가 된다. 하지만 다른 문화권에서 사용하는 표현을 한글에 그대로 도입하면 문장이 어려울 수밖에 없다. 번역가라면 원문에서 묘사한 상황을 우리 방식으로 표현하는 방법을 찾아야 한다. '표준성'과 '평균화'가 여기에 해당하는데 뒤에서 자세히 다루도록 하고 여기에선 두 가지 방법만 언급하겠다.

나는 지금쯤 파수꾼의 의무가 변화되어야 한다는 걸 깨달았다. 용의 배가 성으로 돌아오고 말이다.

번역 내용이다. 한눈에 안 들어온다. 원문을 보자.

I <u>realize</u> that the duties of the Keeper have changed
now that the Dragon Boat has returned to the
Castle.

문장이 길다. 위 번역은 that 절을 끊어서 두 문장으로 만들었다.
하지만 '관계부사 비제한적 용법'과 달리 '제한적 용법'을 끊는 건
위험하다. 뒤에 나오는 종속절 내용이 앞에 나오는 주절 내용을 '제
한'하기 때문이다. 그래서 내용이 원문과 다르다. 원문을 간단하게
표현하려다가 나온 실수다. 문장이 복잡하면 단문으로 끊어서 정확
히 파악하고 직역한 다음에 '우리라면 이런 내용을 어떻게 표현할
까?' 고민해서 하나로 연결하는 식으로 표현하는 게 좋다. 그러면
'드래곤 보트가 성에 돌아온 이후로 지킴이 역할도 달라졌다는 사실
을 나는 실감한다'는 내용이 나온다.
　그리고 '용의 배'는 표현이 너무 애매하다. '드래곤 보트'나 '용선'
이 좋다. 판타지 소설에는 작가가 상상해서 만든 용어가 많이 나온
다. 이런 용어를 애매하게 표현해서 독자한테 알아서 이해하라는
식으로 책임을 넘기면 안 된다. 내용을 파악해서 한국 상황에 맞도록
바꾸는 게 중요하다. 사례를 몇 개 보자.

'The Harbor and Dock Pie Shop The Pie Shop':
'항구와 부두 파이 가게' (이렇게 기다란 고유명사는 작은따
옴표로 묶어주어야 한다.)

Sleuth: 추적공
('탐정'이란 의미가 들어있는 공으로 사람을 찾아낸다.)

the Marram Marshes: 물대 습지

Snake Ditch: 뱀 꾸불수로

Double Drain: 이중 수로

the Doom Sludge Deeps: 운명의 진창길

the Broad Path: 큰길

Reed beds: 갈대숲

Deerpass: 사슴이 지나간 길
(미국에는 이런 이름을 가진 길이 많다.)

4) 평균화

창작한 글에는 창작자의 개성이 다양하게 드러나며, 따라서 독특한 표현이 많을 수밖에 없다. 개중에는 그럴싸한 표현을 새로 만들기도 한다. 하지만 번역에서는 많이 사용하는 표현을 선택할수록 가독성이 살아난다. 매우 중요한 원칙이다. 찰스 디킨스가 쓴 '크리스마스 캐럴'에서 나오는 문장이다.

> "인간이라면, 네 가슴에 든 게 차가운 돌이 아니라 뜨거운 심장이라면 넘쳐난다는 게 진정 무슨 의미인지, 넘쳐나는 게 진정 무엇인지부터 생각해보고 그런 사악하고 위선적인 말을 입에 올리거라."

34

도무지 무슨 말인지 알아볼 수 없다. 원문을 보면 아래와 같다. 유령이 스크루지한테 하는 말이다.

> "Man, if man you be in heart, not adamant, forbear that wicked cant until you have discovered <u>What the surplus is, and Where it is</u>."

앞에서 스크루지가 '넘치는 인구를 (잉여 인간을) 도울 필요가 없다고, 그들이 죽으면 인구가 줄어서 좋을 거'라고 한 말을 유령이 그대로 비판하는 내용이다. 그런 관점에서 'What the surplus is, and Where it is'란 문장을 바라보고 우리가 이럴 때 흔히 할 수 있는 말로 풀어야 한다. 이런 정도가 좋겠다.

> "인간이라면, 돌덩이가 아니라 심장을 가진 사람이라면, <u>남아도는 인구가 무슨 뜻이며 그래서 어떻게 사는지</u> 제대로 깨닫기 전에는 사악한 입을 함부로 놀리지 마라."

한번은 이런 번역을 봤다. "총을 살 돈이면 식료품을 더 살 수 있었을 거라고 아내가 투덜댄다"는 내용이다. 실제로 총을 샀다는 건 아니다. 자신이 원치 않는 물건을 남편이 사들인 걸 보고 투덜대는 소리다. 우리는 이럴 때 "그럴 돈으로 먹을 거나 사지 괜한 짓을 했다"고 말하는 게 일반이다. 서로 문화가 달라서 표현방식도 다르지만, 인간의 본성과 마음은 어디나 비슷하다. 그걸 우리가 일상생활에서 흔히 사용하는 말로 표현할 때 우리 독자는 현실감을 느낄 수 있다.

3장 직역인가, 의역인가?

번역의 뿌리를 찾아서

'직역인가, 의역인가'를 둘러싼 논쟁은 번역 공간에서 끝없이 되풀이할 수밖에 없다. 예전에도 그랬고 앞으로도 그렇다. 국어사전은 '직역'이란 '외국어로 된 글을 보고 원문 한 구절 한 구절을 본래의 뜻에 충실하게 번역하는 것'이며 '의역'이란 '외국어로 된 글이나 말을 단어나 구절의 본뜻에 너무 얽매이지 않고 글 전체가 담은 뜻을 살려서 번역하는 것'이라고 정의한다. 사전적 정의에 비추어 볼 때, 출발어에 충실한 번역은 직역이고 도착어에 충실한 번역은 의역이다.

하지만 영어는 명사 중심이라서 (명사를 수식하는) 형용사가 발달하고, 우리말은 동사 중심이라서 (동사를 수식하는) 부사가 발달한 언어다. 영어는 열두 시제가 발달했다면 우리말은 시제 대신 시간부사가 발달한 언어다. 이런 차이를 무시하고 명사 중심으로 번역한 걸 직역, 동사 중심 한글에 맞게 담아낸 걸 의역이라고 할 순 없다. 우리말에 없는 시제를 도입한 걸 직역, 시제를 배제하고 시간부사로 표현한 걸 의역이라고 할 수도 없다. 전자는 독해 차원에 불과하고 후자야말로 번역이기 때문이다.

더 심할 때도 있다. '올리버 트위스트'에 나오는 표현이다.

'I want you, Bolter,' <u>said Fagin</u>, 'to do a piece of work for me, my dear, that needs great care and caution.'

"볼터, 난 자네가 말이야." <u>페이긴이 말했다</u>. "날 위해서 일을 하나 해주면 좋겠어. 그런데 아주 조심해야 하는 일이 거든."

페이긴(유대인 영감)이 말하는 내용인데 영어에선 주어를 중시하기 때문에 중간에 said Fagin을 넣어서 화자를 명시한다. 이건 영어식 표현방식이다. 그런데도 한글로 나온 영어 번역소설 역시 이런 표현방식이 대세다. 영어 사대주의에 빠진 번역자는 영어식으로 번역하고, 출판사 편집부는 아무런 문제도 못 느낀 채 그대로 따라가고, 독자들 역시 특별한 문제를 못 느낀 채 어렵게 읽어나간다. 하지만 영어식 표기법에 따라 한글 표기법을 외면한 표현방식은 독자가 읽는 흐름을 깨뜨릴 수밖에 없다. 춘향전이나 흥부전이나 심청전 같은 판소리를 떠올려 보라. 중간에 화자를 넣는다면 판소리 자체가 얼마나 뒤죽박죽으로 엉키겠는가?

말하는 중간에 화자를 표시하는 영어와 달리, 우리말은 화자를 앞이나 뒤에 표시한다. 이런 원칙에 따른 표기법은 다음과 같다.

유대인 영감이 말했다.

"자네가 날 위해 할 일이 하나 있어, 볼터. 아주 조심해야 하는 일."

전자는 직역이 아니며 후자는 의역이 아니다. 전자는 엉터리 표기며, 후자가 직역이다.

일본은 메이지유신으로 근대화에 박차를 가하면서 번역의 중요성을 절감했다. 그래서 번역청을 설치하고 서양의 과학과 법률 등 다양한 자료를 체계적으로 번역하며 문화수입창구를 중국 일변도에서 서양으로 확대했다. 그러면서 모든 사회 구조를 서양식으로 바꿨다. 결혼하면 부인이 남편 성을 따르는 서양 관습까지 법으로 강제했다. 이때만 해도 일본은 도착어보다 출발어에 초점 맞춘 번역을 원칙으로 삼았다. 일본어에 적절한 단어가 없으면 아예 새로 만들었다. 이를 '역어譯語'라 한다. 번역한 단어란 뜻이다. (민주주의, 자본주의, 공산주의, 인권, 민권, 법률, 주식회사, 노동자, 사업가 등과 같은 단어가 이렇게 생겨났다.) 독자가 편하게 읽는 것보다는 원문 내용에 충실한 게 중요했던 거다.

이런 원칙은 유럽에서 라틴어를 처음 번역하던 시기에도 그대로 나타난다. 1563년 영국 번역가 알렉산더 네빌은 로마 대작가 세네카가 쓴 '오이디푸스'를 번역하면서 "그분의 자연스럽고 고결한 문체"를 영어라는 '상스러운 말'로 옮긴 것에 대해 서문에서 미리 사과할 정도였다(이희재 번역 '번역의 탄생' 참조).

당시만 해도 유럽 지식인에게 라틴어는 하느님이 성인을 통해서 성서를 기록한 신성한 언어였다. 그래서 가톨릭 미사 자체를 라틴어로 진행했다. 물론 성서도 라틴어 그대로였다. 지배세력이 말과 글과 종교라는 무기를 독점해서 기득권을 유지한 사례다.

이런 가운데 영국과 프랑스에서 다양한 혁명이 일어난다. 영국은 마그나 카르타(대헌장을 라틴어로 명명했다는 점에서 당시 분위기를 짐작할 수 있다), 명예혁명(청교도혁명), 권리청원, 권리장전 등이고 프랑스에서는 대혁명이 일어난다. 하지만 영국에서 일어난 혁명은 기득권 세력이 권력투쟁을 벌이는 형태로 나타나고 프랑스는 기득권을 완전히 부정하는 민중혁명으로 나타난다. 피지배세력이 지배세력을 뒤엎는 데 최초로 성공한 사건으로 세계사 흐름 자체를 뒤바꾼 것이다. 기득권층, 즉, 귀족 출신이란 사실이 드러나면 재판을 거쳐서 그대로 죽였다. 단두대가 나온 게 이즈음이다. 이런 과정을 통해 프랑스에서 발달한 민권의식은 프랑스어에 대한 자부심으로 나타나고, 출발어 중심 번역 역시 도착어 중심 번역으로 변한다. 라틴어를 하느님이 내린 가장 우월한 언어로 여기던 유럽에서 거대한 변화가 일어난 것이다.

영국은 청교도혁명으로 찰스 1세가 처형당하고 아들 찰스 2세는 프랑스로 망명한다. 그래서 황태자를 따라 프랑스로 건너온 영국 귀족은 프랑스에서 자유롭게 번역하는 풍토를 보고 깊은 인상을 받는다. 영국 역시 출발어 중심 번역이 도착어 중심 번역으로 조심스럽게 바뀌는 계기를 찾은 것이다. 이런 추세는 이후에 영국이 강국으로 부상하면서 더욱 또렷하게 나타난다. 이런 전통을 그대로 이어간 미국은 처음부터 도착어 중심 번역에 충실하며 자국민이 편하게 읽을 수 있는 번역을 가장 우수한 번역으로 간주한다.

일본 역시 이차대전에서 패전한 이후에 경제대국으로 부상하고 민권의식이 강화되면서 도착어 중심 번역을 강조하고 현재는 상당히 뿌리를 내렸다. 독자가 편하게 읽을 수 없는 책은 시장에서 좋은 반응을 못 받기 때문이다.

위 사례에서 우리는 출발어에 초점 맞춘 번역 원칙과 도착어에 초점 맞춘 번역 원칙을 가르는 기준이 결국 민권의식과 경제력이란 사실을 익히 짐작할 수 있다.

그렇다면 우리는 지금까지 어떤 길을 걸었을까? 우리나라에서 직역과 의역을 구분한 사례는 조선시대에 처음 나타난다. 선조 때 교정청에서 간행한 소학언해의 범례와 발문을 보면, 중종 때 간행한 번역 소학이 "이해를 쉽게 하려고 의역해서 원문의 뜻을 잃었을 뿐 아니라 주석까지도 본문을 쉽게 설명하는 식으로 번역하여 글이 산만하고 나쁘다. 그리하여 소학언해는 선조의 뜻에 따라 오로지 한문 원문에 따라 '한 글자 한 글자를 똑바로 해석'하고, 뜻이 안 통하는 곳에 해설을 달아서 원전의 뜻을 살리도록 하였다"는 언급이 나온다(안병희 1973 : 77). 한문을 우리말로 번역하는 원칙에 대한 논쟁이 일어난 것이다. 임진왜란을 거치면서 왕은 권위를 잃고 백성은 인육을 먹는 식으로 도덕의식이 땅에 떨어진 상황에서 질서를 회복하려고 고전으로 회귀한 결과다.

식민지 시대에는 김억과 양주동이 영문학을 대상으로 직역과 의역에 대해 논쟁한 게 관심을 끈다(1923~24년). 양주동이 '근대불란서 시초'라는 글을 통해 '시 번역은 불가능하나 그 작업은 불가피하며 의역보다는 직역으로 해야 한다'고 주장하자, 여기에 대해 김억이 '시 번역은 불가능하나 번역하는 사람의 개성이 가미됨으로써 그 시의 가치가 높아지므로 창작품으로 간주해야 한다'고 반론을 폈다. 시 번역이 불가능하다는 점에 일치하면서 전자는 충실한 직역을, 후자는 자유로운 의역을 주장한 것이다.

2차 논쟁은 도쿄 유학생들이 '외국문학 연구회'를 만들어 외국 문학을 번역한 결과물이 나오면서 일어난다. 당시 외국 문학 번역은 일본어를 통한 중역인데, 이들은 원문을 직접 번역하는 방식으로 신선한 바람을 일으킨 것이다.

양주동은 이런 노력과 성과를 인정하면서도 1)일상어가 아닌 딱딱한 문어체와 한자어를 쓴다는 점 2)원문만 살린 직역을 고집한다는 점 3)외국 어휘를 그대로 살리거나 일본식 어투를 쓴다는 점을 지적한다. '외국문학 연구회' 측에서는 반론을 전개하고 여기에 대해 김억은 양주동을 옹호하면서 논쟁은 입체적으로 나아간다. 번역에 대한 논점을 정확히 포착했다는 점에서 탁월한 논쟁사례라고 할 수 있다. 하지만 이후에 일제는 '조선어 말살정책'을 본격적으로 펼치고, 한글 번역을 둘러싼 논쟁은 막을 내린다.

재미있는 건 일본어 번역을 둘러싼 직역과 의역 논쟁은 해방 전까지 한 번도 없었다는 사실이다. 일본어 중심을 너무나 당연하게 여겼기 때문이다. 하지만 해방이 되면서 정부는 '국어순화 운동'을, 학계와 출판계에서는 '일어투 몰아내기'와 '중역 몰아내기' 운동을 하면서 아름다운 우리말과 우리글을 찾아내려는 노력이 나타나더니, 그게 어느 정도 틀이 잡히면서 이제 비로소 학계를 중심으로 우리말에 적합한 번역을 찾아 나서기 시작한다.

"조사대상 도서 전체 572종 가운데 310종(54%)이 다른 책을 표절하였으며, 번역의 '정확성,' 문장의 '가독성'을 분석한 후 독자에게 추천할 수 있는 번역본은 고작 11%에 불과한 62종에 그친다."(영미문학연구회 '영미명작, 좋은 번역을 찾아서' 창비)

영미문학연구회가 영미문학을 대상으로 평가한 우리말 번역출판물의 현주소다. 번역의 '정확성'은 출발어에 충실한 정도를 말하고 문장의 '가독성'은 도착어에 충실한 정도를 말한다. 우리나라는 지금까지 중국과 일본과 미국한테 식민지 취급을 받았으며 그래서 사대주의가 강해, 당연히 출발어에 충실한 번역을 원칙으로 삼았다. 하지만 경제규모가 늘어나고 생활 수준이 향상하면서 도착어에 충실한 번역을 사방에서 강조하기 시작한다. 일각에서는 직역과 의역에 대한 논쟁도 일어난다. 하지만 엄밀하게 말해서 그것은 독해 차원의 직역과 의역에 대한 논쟁이지, 번역차원의 논쟁은 아니었다. (번역과 독해는 차원이 다르다.) 학계에서도 이제 비로소 우리말의 특징과 출발어의 특징 그리고 차이점과 해결 방법을 제시하며 우리말답게 번역하는 방법을 정리하는, 그래서 번역어투를 지적하고 몰아내기 위해 연구하고 발표하는 수준이다.

이런 상황에서 최근에 재미있는 논쟁이 일어났다. '위대한 개츠비'란 영화가 나온 걸 계기로 여러 출판사에서 원작소설을 번역 출간했기 때문이다. 여기에 번역가 아닌 소설가가 번역에 뛰어들면서 '그나마 읽을 만한 번역'이라는 평가를 받았다. 그동안 '위대한 개츠비' 번역서는 읽히지 않는 책으로 유명했다. 번역어투도 엉성한 데다 원문 자체가 주인공 대신 제삼자를 내세워서 앞부분을 서술하는 방식으로 풀어가는 바람에 읽는 자체가 힘들었다. 그런데 서술을 대화체로 엮어서 쉽게 읽히게 한 거다. 원문과 다르다는 점에서 의역이라고 할 수 있다. 거기에다 우리말이 살아나니까 독자로선 당연히 편할 수밖에 없다. 하지만 원문에 충실한 여부는 여전히 문제가 있는 상태에서 '기존 번역은 모두 엉터리'라는 말까지 나오며 논쟁이 시끌벅적하게 붙은 거다. 하지만 이것 역시 본격적인 번역 논쟁이라고 볼 순 없다. 한쪽은 출발어에 문제가 있고 한쪽은 도착어에 문제가 있기 때문이다. 이후에 '이방인 논쟁'이 그럴싸하게 일어났으나, 태생적 한계 때문에 결국에는 삼천포로 빠지고 만다. 결국, 두 사례에서 확인한 건 '독자는 읽을 수 있는 번역서를 원한다' 정도라고 할 수 있다.

좋은 번역은 작가가 출발어에서 말한 내용을 번역가가 정확히 이해하고 도착어 특징에 맞도록 담아낸다. 이런 점에서는 직역이 당연히 좋다. (여기에서 직역이란 명사 중심 언어를 동사 중심 언어로 바꾸는 것까지 포함한다.) 내용 이해는 물론 작가 특유의 문체와 향기까지 느낄 수 있기 때문이다. 문제는 직역하면 흐름이 꼬이거나 애매할 때가 있고 심하면 내용상 오역으로 나타날 때도 있다는 사실이다. 이럴 때는 우리가 사용함 직한 표현을 떠올려서 독자가 한눈에 이해하도록 번역하는 게 중요한데, 그만큼 의역으로 나타날 수 있다. 따라서 직역을 원칙으로 하면서 가끔 의역하는 수준이 좋을 것 같다. 하지만 번역에서 가장 중요한 원칙은 '의역이냐, 직역이냐?'가 아니라 독자가 쉽고 편하게 읽으면서 재미와 감동은 물론 작가의 향기까지 느낄 수 있어야 한다는 사실이다.

성서 번역

'올바른 직역'을 강조하며 가장 공들여서 번역한 책은 '성서'일 수밖에 없다. 그런데 성서 역시 번역마다 표현이 다르다. '마태복음 7장 8절'을 사례로 보자. (인터넷 검색으로 자료를 뽑느라, 성서 제목은 파악을 못 했다.)

For everyone who asks receives; he who seeks finds; and to him who knocks, the door will be opened.

① 구하는 이마다 얻을 것이요 찾는 이가 찾을 것이요 두드리는 이에게 열릴 것이니라.

② 누구든지 청하는 이는 받고, 찾는 이는 얻고, 문을 두드리는 이에게는 열릴 것이다.

③ 구하는 이마다 받을 것이요 찾는 이는 찾아낼 것이요 두드리는 이에게는 열릴 것이니라.

④ 누구든지 구하면 받고, 찾으면 얻고, 문을 두드리면 열릴 것이다.

4장 우리 말글이 겪은 수난사

다양한 고난을 겪으면서 생생하게 버티어온 아름다운 우리말

우리나라는 일찌감치 삼국통일을 이루고 단일민족에다 단일 언어 전통을 지켰다. 하지만 우리말을 표기할 문자가 없어서 한자를 빌렸다. 이런 현상은 중국 인근 국가에서 일반적으로 나타나는 특징이다. 하지만 한자는 당연히 중국어를 (혹은 중국식 철학체계를) 표현하기 위해서 만든 문자다. 중국어와 구조적으로 다른 우리말을 표기하는 데에는 당연히 부적합하다. 따라서 우리나라는 표의문자 한문을 표음문자로 만들어 우리말과 연결하려고 노력하는 과정에서 문자가 처음 나타날 수밖에 없었다. 한자에 담긴 의미를 버리고 발음만 살리는 식으로 말이다. '古'에 담긴 고유한 의미를 배제한 채 '고'라는 음을 나타내는 기호로 사용한 것이다. 하지만 정반대로 한자 발음을 버리고 의미만 살려서 우리 단어로 고정한 사례도 있다. 신라 '이두'에서 '水'를 '물'이란 단어로 사용한 게 좋은 사례다. 하지만 본질적

인 차이까지 극복할 순 없었다.

중국과 일본과 베트남 그리고 우리나라는 말과 글이 달라서 겪는 고통을 각기 다르게 풀어나갔다. 중국은 구어체 중국어를 한자로 표기하는 데 어려움을 겪다가 백화문을 채택해서 대중화하고, 일본은 신라 '이두'와 마찬가지로 한문을 간결하게 만들다가 '가나'라는 문자로 발전하고, 베트남은 한자를 오랫동안 쓰다가 아예 알파벳으로 바꾸지만, 우리나라는 '매우 독특하고 창의적인 한글'을 만든 것이다.

세종대왕이 훈민정음을 반포한 건(1446) 우리 역사는 물론 세계사에서 유래를 찾기 힘든 사례다. 우연히 생긴 문자를 오랜 세월에 걸쳐 누적하며 발전한 게 한문이요 그리스 로마 문자라면 그것을 약간 바꿔서 발전한 게 일문자요 영문자, 불문자, 독문자 등이다. 그런데 우리한테는 우리말을 그대로 표현할 수 있는 독창적인 한글이 생긴 거다. 세종대왕이 스물여덟 글자로 훈민정음을 만든 동기와 목적은 머리글에서 또렷하게 나타난다.

> 우리말이 중국과 달라서 한자와 안 통한다. 이런 까닭으로 어리석은 백성 가운데에는 말하고 싶어도 뜻을 못 펴는 사람이 많다. 내가 이것을 가엾게 여겨서 스물여덟 글자를 새로 만드니 모든 사람이 쉽게 익혀서 날마다 편하게 쓰도록 하라.

훈민정음 창제는 우리 민족에게 르네상스 이상의 의미를 지닌다. 말은 사고체계를 만드는 토대고 글은 그것을 담는 그릇이다. 우리말과 일치하는 글이 생겨났다는 건 한문으로 우리말을 담아내는 불편한 상황을 떨쳐냈다는, 우리 생각을 완벽하게 표현할 수 있다는,

우리가 주체적으로 세계와 경쟁할 수 있다는 의미다.

훈민정음 반포와 함께 중국 서적을 이두로 번역하던 시대는 당연히 언문 번역(언해) 시대로 넘어간다. 먼저 대중선교가 중요한 불교계에서 금강경언해, 능엄경언해, 법화경언해 등 불경 십여 권을 출간한다. 조정에서는 유교 가르침을 민중계도용으로 보급하기 위해 소학언해, 삼강행실언해, 내훈가례언해 등을 출간한다. 언해두창집요, 언해태산집요, 마경초집언해 등 의서와 농서 같은 번역서도 나온다.

하지만 한문은 양반세력이 기득권을 지키는 무기였다. 서양에서 성서를 라틴어로 기록하고 미사를 라틴어로 진행한 것과 유사하다. 우리말로 토론하고 결론 내린 내용을 한문으로 기록했다. 관청에서 기록관이 우리말을 한문으로 어떻게 기록할까 고민할 때 옆에서 꼬마가 한문을 알려주면 신동이란 소문이 퍼지는 식이다(선조 때 영의정을 지낸 이산해가 그랬다). 그래서 문과 과거시험에서 확인하는 실력이란 게 결국에는 머릿속 생각을 한문으로 정리해서 표현하는 능력, 그리고 글씨를 제대로 알아보도록 기록하는 능력이었다. 이런 세력에게 한글은 기득권에 대한 도전일 수밖에 없다. 따라서 지배층은 한글을 언문(諺文; 천한 글)으로 규정하고 멀리하더니, 연산군은 폭정을 비판하는 투서를 한글로 작성한 사실을 알고서 58년 동안 계속하던 언문 교육을 폐지하고 관련 서적을 불태운다. 하지만 말과 일치하는 문자는 백성 사이에서 명맥을 이어오다가 1894년에 마침내 고종이 국문으로 선포하고 주시경 선생은 1913년 '천한 글'이란 의미의 언문을 사대주의로 규정하고 '한글'이라는 이름을 붙인다. '한나라의 글', '커다란 글', '세상에서 으뜸가는 글'이란 의미다. 그러면서 본격적인 한글 번역 시대가 열리고 성서 번역이 나오기 시작한다. 하지만 이런 분위기는 일제의 '조선어 말살정책'으로 꺾이고 일본어는 우리말을 지배한다. 조선총독부는 한글을 일본어에 편입하는 작업에 들어가고 친일 국문학자들은 거기에 협력해서 한글 28자를 24자로 줄인다. 우리말이 일본어에 본격적으로 오염되기 시작한 것이다.

현대국어에 커다란 영향을 미친 사람은 뭐니 뭐니 해도 문학가일 수밖에 없다. 한국 최초의 신소설이라는 '혈의 누'를 쓴 이인직은 동경제대 출신으로 일본에서 고등문관 시험에 합격한 다음, 이완용 비서로 선봉에서 친일한 인물이다. 이인직이 썼다는 '혈의 누'와 '귀의 성' 역시 당시 일본에서 유행한 소설을 번안해, 조선이 닮아야 할 선진국으로 일본을 묘사한 내용에 불과하다. 우리는 한자 발음을 그대로 읽기 때문에 '혈루'나 '피눈물', '귀곡성'이 되지만 일본어는 뜻으로 읽기 때문에 명사 두 개를 연결할 때 소유격 'の'가 들어가야 한다. '혈의 누'라는 제목 자체에서 일본색이 노골적으로 드러난 것이다.

이후에 등장한 문학가 역시 하나같이 일본 유학파 출신이다. 일본에서 일본어로 신사상을 접한 거다. 따라서 소설을 쓸 때부터 일어와 조선어 사이에서 당연히 고민할 수밖에 없다. 그런 갈등을 김동인은 이렇게 적는다. 당연히 번역어투다.

"머리 속으로 구상하던 소설들은 모두 일본말로 상상하던 것이라, 조선말로 글을 쓰려고 막상 책상에 대하니 앞이 딱 막힌다⋯⋯. 이 때에 있어서 '일본'과 '일본글', '일본말'의 존재는 꽤 큰 편리를 주었다. 그 어법이며 문장 변화며 문법 변화가 조선어와 공통되는 데가 많은 일본어는 따라서 선진의 역할을 하게 되었다⋯⋯. 구상은 일본말로⋯⋯ 쓰기는 조선 글로⋯⋯ 막상 써 놓고 보면 그럴듯하기도 하고 안 될 것 같기도

해서 다시 읽어 보고 따져 보고 다른 말로 바꾸어 보고 무척 애를 썼다. 지금은 말들이 '회화체'에까지 쓰이어 완전히 조선어로 되었지만 처음 써 볼 때는 너무도 직역 같아서 매우 주저하였던 것이다."(김치홍 편저, 문단 30년의 자취.)

3.1운동을 통해 깨어난 조선의 의식은 개벽, 신천지, 신생활, 신여성, 부인지광, 어린이, 샛별, 신소년, 영대, 조선문단, 생장 등의 잡지와 동아일보, 조선일보 창간 등을 통해 문학 공간 확대와 문예 부흥기로 나타난다. 하지만 창작문학은 일본어에 물들고 번역은 일본에서 유행한 번역물을 그대로 중역하는 한계에 봉착한다.

장로교 선교사로 '조선인의 의식'을 파악하기 위해 다양한 잡지를 정기구독하면서 검토한 윌리엄 케르는 당시를 "조선인이 조선에 대해 조선어로 논의하는 시점이 도래"한 시기로, 조선어를 근대적 의미에 맞게 재편한 시기로 본다. 하지만 거의 모든 잡지가 일본 잡지를 베끼는 현상에 대해서도 지적한다. 이런 식으로 나타난 조선어가 당시의 주도적 문체라는 사실을 인정하면서도 '고유한 조선어'는 아니라고 본 것이다. 케르가 볼 때 당시의 조선어는 조선 문법 어디에도 없는 구조다. 그래서 잡지에 실린 조선어를 파악하기 위해 영일사전을 참조할 수밖에 없었다고 고백한다.

그리고 조선어를 깊이 연구해서 영조사전을 만든 선교사 제임스 게일은 당시에 '조선이 잃어버린 것들' 가운데 하나를 '문학'이라고 지적하며 이렇게 말한다.

"조선은 세계에서 가장 뛰어난 문학을 잃었다. …예컨대,
서당 훈장 아버지는 옆에 방대한 서적을 쌓아놓았는데, 제
국대학을 다니는 아들은 살아나기 위해서라도 거기에 눈길

을 줄 수 없다. 오늘날 조선의 상황이 이러하니, 과거에 위대
한 문학의 땅이던 이곳에서 그 흔적은 깨끗이 사라질 수밖에
없다. 서양을 모방하려는 무기력하고 절망적인 시도는 조선
인이 입은 거대한 손실을 증명할 뿐이다."(Gale 1926b).
Gale, James S. 1926b. "What Korea Has Lost. 이희재 '번
역의 탄생' 교양인, 2009, 재인용"

　　일본 교육을 받은 조선 지식인이 일본어를 비판 없이 수용하는
가운데 우리 민족은 8·15 광복을 맞이한다. 한글에 자부심을 느끼고
자유롭게 쓸 수 있는 시대가 우리 역사를 통틀어 처음으로 찾아온
것이다. 하지만 국문학계는 조선총독부에 협력해 조선어를 일본어
로 편입하던 친일학자들이 장악한다. 해방 후 국문학계의 양대 거두
라고 하는 최현배와 이희승이다.
　　최현배는 조선총독부 사업에 참여해, 1912년에 '보통학교용 언문
철자법' 1921년에 '보통학교용 언문철자법 대요' 1928~29년에는
'언문철자법'을 만들어 내선일체를 강화하는 차원에서 한글을 일본
어 원칙에 적합하게 변조한 사람이다. 조선어 혹은 한글이란 표현
대신 '언문'이란 표현을 사용하면서 말이다. 이희승은 1933년에 '한
글 맞춤법 통일안'과 '외래어 표기법 통일안'을 만들어, 50음에 불과
한 일본 글자보다 부실하다는 인상을 주기 위해 한글 자모를 40개로
축소하고 받침 글자가 2개뿐인 일본 글자를 고려해서 8개로 제한할
뿐 아니라, 외래어를 일본어 표기법대로 표기하도록 만들고 여기에
근거해서 해방 후에는 '외국어는 국어 어휘'라는 엉뚱한 주장까지
하는 식으로 일어든 영어든 중국어든 한글로 표기만 하면 우리말로
둔갑할 근거를 만들었다. 세종대왕의 한글 창제 정신을 왜곡하고,
훈민정음 스물여덟 글자를 스물네 자로 변조해서 소리글자의 우수성

을 제한하려고 애쓴 결과다. 이희승은 친일정신에 근거해 1956년에는 '딸깍발이'라는 수필을 발표하는데 이렇게 시작한다.

> '딸깍발이'란 것은 '남산(南山)골 샌님'의 별명이다. 왜 그런 별호(別號)가 생겼느냐 하면, 남산골 샌님은 지나 마르나 나막신을 신고 다녔으며, 마른 날은·나막신 굽이 굳은 땅에 부딪쳐서 딸깍딸깍 소리가 유난하였기 때문이다.

청렴결백하고 지조를 중시한 조선 선비를 조선인이 일본인을 뒤에서 흉보던 게다짝으로 비유한 것이다. 그런데도 고등학교 국어교과서는 지금 이 순간까지 훌륭한 수필이라면서 전문을 소개한다.

이게 전부가 아니다. 이희승은 일본백과사전 '廣辭苑광사원'을 번역해서 1961년에 '국어대사전'을 만들어 현재까지 우리말을 일어에 예속하는 토대를 구축한다. 한 예로, '명절 차례(茶禮)를 지낸다'는 말이 있는데, 사실, 茶禮를 우리는 '다례'라고 읽는다. 정약용 호가 〈茶山다산〉이듯 말이다. 그런데 일본에서 'ちゃ'라고 읽는 걸 이희승이 '차'라고 그대로 번역해서 '차례'가 된 것이다. 하지만 조선왕조실록에서는 '차례'가 아니라 '節祀절사'라고 한다. 명절에 모여서 다과만 먹는 일본과 달리 조상에게 제사까지 지내기 때문이다.

(최현배와 이희승은 해방 후에도 친일국어 이론에 근거해 수많은 제자를 배출하며 한국 국문학계를 지배한다. 특히, 이희승은 1984년에 전두환 군부독재와 손잡고 '국립국어원'을 설립하니, 그 제자들은 지금까지 '국립국어원'을 장악해 막대한 예산을 집행하며 허수아비 관변 학술단체를 양산하니, 한글 교육정책은 여전히 갈피를 못 잡는다. 2011년에는 권재일 국립국어원장이 "앞으로 우리말은 우리들 안방에서나 하는 언어로 전락할 것"이라는 망언(妄言)을 신

문에 기고할 정도다. 우리말이 막다른 길에 이르렀다는 의미다. 이 나라 국어정책을 총괄하는 기관의 최고 책임자가 할 수 있는 말은 결코 아니다.)

그래도 세상은 돌아가고 출판계 역시 바쁘게 움직이니, 번역도서 역시 본격적으로 나타난다. 동아출판사가 세계문학전집 18권, 정음사가 60권, 을유문화사가 50권을 출판한다. 이후 60년대를 거치면서 70년대 말에는 외국 문학 전집류가 25종, 문고판 유형이 17종에 달할 정도로 문학번역은 전성기를 맞이한다.

이런 가운데 남한이든 북한이든 정부 차원에서 일제 잔재를 쓸어내는 작업에 박차를 가하고, 남한에서 그것은 '국어순화 운동'으로 나타난다. 예전에 자유롭게 쓰던 말과 글을 순화대상으로 삼은 것이다. 여기에 대해서 시인 김수영은 이렇게 말한다.

'좌우간 나로 말하자면 매우 엉거주춤한 입장에 있다. 〈얄밉다〉, 〈야속하다〉, 〈섭섭하다〉, 〈방정맞다〉 정도의 낱말이 퇴색한 말로 생각되고 선뜻 쓰여지지 않는 반면에, 〈쉼표〉, 〈숨표〉, 〈마침표〉, 〈다슬기〉, 〈망초〉, 〈메꽃〉 같은 말들을 실감 있게 쓸 수 없는 어중간한 비극적인 세대가 우리의 세대다. 혹은 이런 고민을 느끼는 것은 내가 도회지산(産)이고, 게다가 무식한 탓에 그렇게 되는지도 모른다. 그러나 내가 보기에는 우리 시단에는 아직도 이런 언어의 교체의 어지러운 마찰을 극복하고 나온 작품이 눈에 띄지 않는다.' (김수영 전집 '가장 아름다운 우리말 열 개'에서)

하지만 문학계와 출판계는 8.15광복 이후에도 서양 문학을 중역하는 형태로 일제 잔재를 그대로 이어간다. "아무렇지도 않다"는 의미의 일어 "平氣"를 "평기" 그대로 번역하고 "죽기 아니면 살기로"라는 표현은 일본식 그대로 "一이냐 八이냐 해보자"로 나올 정도다. 하지만 80년대에 들어서 영어를 공부한 사람과 서양 유학파가 늘어나고 출판계에서도 '중역 몰아내기' 운동을 본격적으로 벌이면서 이런 문제를 해결하는 듯 보인다. 기존 번역물을 비판하면서 새로운 차원의 번역작업을 시작했으니 말이다. 그와 함께 국내 출판계에서 번역서가 차지하는 분량 역시 폭발적으로 늘어난다. 2001년도 전체 발행 종수(3만 4,279종)에서 번역출판 도서는 총 9,680종(28.2%)에 달하며 이런 추세는 2010년에도 그대로 이어진다. 이해에 발행한 서적 40,291종 가운데에서 번역서가 차지한 비중은 10,771종(26.7%), 2011년에는 44,036종 가운데에서 11,648종(26.5%)이다(대한출판문화협회).

유네스코에서 발표한 바에 의하면 한국은 해외도서를 번역 출간하는 비율이 세계에서 가장 높다. 한국이 순식간에 일본을 제치고 명실상부한 번역출판 대국으로 부상한 거다. 하지만 우리 번역계는 일어 번역어투에 여전히 눈살을 찡그리면서 영어 번역어투라는 새로운 현실에 직면한다.

세계화에 대응하려는 노력은 앞으로도 번역도서 출간을 부추길 수밖에 없다. 번역도서는 외국의 다양한 문화와 지식을 가장 편하고 저렴하게 수입해서 우리말로 공유하는 수단이며 따라서 시장에서도 좋은 반응을 보이기 때문이다. 연간 베스트셀러 30위 가운데 외국도서가 절반 이상이라는 통계는 이를 뒷받침한다.

문제는 번역의 질이 양을 못 따라간다는 사실이다. 번역서는 많지만 몇몇 나라의 상업적인 서적에 치중하고, 번역해서 출판하는 속도는 세계 최고지만 번역의 질은 아니다.

도대체 무엇 때문에 이럴까? 여러 가지가 있겠지만 제일 커다란

이유는 영문 번역의 모태가 되는 영한사전 대부분이 영일사전을 번역했다는 사실에 있다. 일본어 소유격 'の'가 여전히 우리말을 망가뜨리는 원인이다. 일본어 관용구가 그대로 들어오고 "비산먼지 저감"이라는 이상한 문구까지 등장한다. "(날아다니는) 먼지를 줄이자"고 하면 쉽게 알아볼 수 있는데 말이다. 우리말이 교묘하게 사라지고 정체불명의 어휘가 한국인의 사고체계를 뒤흔드는 사례다.

그렇다면 영한사전에 실린 단어를 직접 들여다보자. 'echelon'이라는 단어가 있다. 번역작업을 하다가 여러 차례 만났는데 사전에는 '제형'이란 이상한 단어만 나온다. 그래서 나는 매번 '제형이 무슨 뜻인가?' 고민하다가 결국에는 뜻도 모르고 '제형'이라고 번역할 수밖에 없었다. 그런데 나중에 알고 보니 '사다리꼴'이었다. parotitis라는 단어도 마찬가지다. 사전을 찾으면 '이하선염'이라고 나오는데 도대체 무슨 뜻인지 알 수가 없다. 하지만 결국엔 '이하선염'이라고 번역하고 말았다. '볼거리'라고 하면 좋은데 말이다. 이런 사례는 많다. temple에는 '사원'이 있을 뿐 '절'이나 '절간'이 없고 pass에는 '산길'이 있지만, 박달재나 문경새재에 나오는 '재'는 없다. king에는 '임금'이 없으며 teacher에는 '스승'이 없고, mating에는 '짝짓기'가 없다. friend에는 '동무'가 없으며 lily에는 백합이 있지만 '희나리'가 없고 peony에는 모란과 작약이 있지만 '함박꽃'은 없다. June에는 6월만 있고 '유월'은 없으며 October에는 '시월'이 없다. chain-smoker에는 '용고뚜리'도 '골초'도 없으며 '10, 20, 30……90'은 있지만 '열, 스물, 서른……아흔'은 어디에도 없다. fat에는 '굳기름'이 없으며 '여성동성애'는 있어도 '밴대질'이 없고 '남색'은 있어도 '비역질'이 없다. falling star에는 '유성'만 있고 '별똥'은 없으며 plain water는 '순수한 물'일 뿐 '맹물'은 아니다. circle은 '원'이고 '동그라미'는 아니며 achieve는 '성취하다'지 '이룩하다'가 아니고 skin에

54

'피부'는 있어도 '살갗'은 없다. 우리말에 담긴 감수성이, 포근하게 젖어오는 느낌이 사라질 수밖에 없다. 이렇게 된 이유는 '포켓영한사전(1959)'을 편찬한 권중휘 선생의 회고담에 잘 나타난다.

> "그러니까 지금 학생들이 배우는 영어 번역어는 일본사람들
> 이 번역한 것을 한자로 바꿔서 그 한자를 우리말로 읽는 식
> 이 된 거야."('안과 밖', 1997년 제2호, 창작과 비평사)

하지만 이런 현상은 지금까지 그대로 이어진다. 가장 최근에 나온 '랜덤하우스 영한대사전(1991)'은 일본에서 번역한 '쇼가쿠칸 랜덤하우스 영일사전(1973)'을 토대로 만들었다. 그래서 거의 모든 영한사전에 Xanadu는 '도원향'으로 나온다. 하지만 '도원향'은 일본사전에 있을 뿐 국어사전에서는 '도원경'이라고 한다.

그런데 국어사전이라고 해서 제대로 된 건 아니다. 우리나라에 처음 나온 국어사전은 이희승이 1961년에 엮은 '국어대사전'으로 일본학자 신촌출(新村出)이 엮은 '광사원'(이와나미 출판사 백과사전)을 베낀 것이다. 그래서 일본에서만 쓰는 한자와 일본 특유의 홀이름씨가 수없이 나온다. 이런 사전을 계승한 〈표준국어대사전〉은 '동장군'을 '겨울장군'이라는 뜻으로 혹독한 겨울 추위를 비유하는 말이라고 설명한다. 그런데 동장군(冬將軍)은 대체 어디에서 나온 말일까? 나폴레옹이 모스크바 원정에 나섰다가 추운 겨울과 폭설로 무너진 데서 나온 말이다. 그것을 일본에서 동장군이라고 표현한 것이다. '표준국어대사전'이 일본어를 우리말처럼 수록한 사례 가운데 하나다. 이게 전부가 아니다.

'국민의례'는 일본 기독교단이 제국주의 시대에 정한 의례의식대로 궁성요배, 기미가요 제창, 신사참배 등을 한다는 의미다. '국위선

양은 일본 메이지 정부를 세계만방에 자랑하자는 말이고 '멸사봉공' 역시 일본 제국주의 시대에 천황을 위해서 목숨이라도 내놓겠다고 결의하면서 나온 말이다. 우리나라만 존재하는 '국민'이란 단어 역시 박정희 정권 때 한일국교정상화를 추진하며 황국신민(皇國臣民)에서 국민(國民)만 따온 것이다. 그런데도 〈표준국어대사전〉은 이런 설명 없이 '국민의례'와 '국위선양'과 '멸사봉공'과 '국민'을 긍정적으로 설명하고 기득권 세력은 이런 표현을 널리 퍼트릴 뿐 아니라 행여나 이런 의식이나 표현을 거부하는 사람이라도 나오면 역적으로 몰아붙인다. 일제강점기 때 독립투쟁을 벌인 선열이 보면 피를 토할 일이 아닐 수 없다.

앞에서 언급했듯이, 일본은 메이지유신 이후 서양문물을 본격적으로 도입하면서 일본 한자어를 번역어(飜譯語)라는 이름으로 어마어마하게 만들어낸다. 정치, 경제, 사회, 문화, 종교, 교육 전반에 걸쳐서 엄청난 어휘가 새롭게 생겨난 것이다. 일본과 경쟁하던 한자 종주국 중국이 일본에 맞서서 신조어를 만들다가 결국에는 일본 한자어를 받아들일 수밖에 없을 정도다. 중국에서 공산 혁명에 성공한 직후 '공산주의, 민주주의' 등이 일제 한자어라는 이유로 소동이 일지만 결국 찻잔 속의 태풍으로 끝난 유명한 사례도 있다. 통계에 의하면 한국인이 쉽게 쓰는 한자어 가운데 60%는 일본에서 만든 한자다(새국어생활 제5권 제2호).

물론 언어는 다른 문명과 접촉하면서 변화 발전할 수밖에 없다. 여기에서 중요한 건 새로운 언어가 우리 사고체계에 긍정적으로 작용해야 한다는 사실이다. 하지만 무분별한 일본 한자어 도입은 우리 사고체계를 흔들어놓을 때가 많다. 가령, 우리나라 한자 조어법에 따르면 '집을 나가다'는 '출가'인데, 실제로 쓰이는 건 일본 한자어 '가출'이다. 전통적인 국어 한자 조어법에 따르면 '집이 나가다'가 되는 거다. 우리나라에서 다른 나라로 나가는 걸 '출국', 학교에서 쫓겨나는 걸 '출교'라 하는 대신 '국출', '교출'이라고 하는 식이다.

해방 이전에 들어온 일본 한자어	해방 이후에 언론을 통해 들어온 일본 한자어
명도, 언도, 인구, 수취, 매상, 매입, 독점, 대절, 대출, 대부, 절상, 조합, 조립, 소매, 선취, 수지, 하청, 품절, 입장, 수당, 수속, 취조, 인상, 인하, 인수, 인도, 인출, 선적, 견적, 견습, 견본, 호출, 할인……	국제연합, 개발도상국, 저개발국, 정보화사회, 고도성장, 시행착오, 청서(靑書), 백서(白書), 수도권, 공사(公社), 재정투융자(財政投融資), 완전고용, 소비혁명, 단지(團地), 생산성, 택배, 압력단체, 우범(虞犯), 공해(公害), 핵가족, 증발, 유망주, 성인병, 대하소설, 추리소설, 문화재, 삼관왕, 민주화, 과보호, 일조권, 사건기자, 집중호우, 잔업, 별책, 반체제……

송민, 개화기 신문명 어휘의 성립 과정

우리는 가장 잘 부르는 노래를 "18번"이라고 한다. 원래 18번은 가부키 대본 18종을 지칭하는 말로 나중에 '잘 부르는 노래'로 쓰였는데, 한국에서 그대로 받아들인 것이다. 한국인이 일본 전통을 그대로 받아들인 사례라고 할 수 있다.

우리한테는 '종이 한 장 차이, 터럭 하나 차이'라는 말이 있는데도 '간발의 차이'를 쓰고, '살피다, 생각하다, 고려하다' 대신에 '감안하다'를 쓰고, '둔치' 대신에 '고수부지'를 쓰고, '오염' 대신에 '공해'를 쓴다.

'그, 그녀'라는 3인칭 대명사도 마찬가지다. 원래 일본어에도 3인칭 대명사가 없으나 메이지유신 전후로 외국 문화를 도입하면서 들여오고 우리나라에서는 신문학 초기에 이광수, 김동인, 염상섭 등이 들여왔다. 우리한테는 1인칭에 나, 저, 소자, 소녀, 소생, 불초 등이 있고 2인칭에는 너, 자네, 그대, 임자, 당신, 어르신 등이 있고 3인칭에는 걔, 그 애, 그 사람, 그이, 그분, 그 어르신, 당신 등 다양한 표현이 있고 사람 이름을 직접 쓰는 전통도 강한데, 모두 깡그리 무시하고 말이다. 하지만 '선생님'은 상황에 따라 1인칭도 되고 2인칭도 되고 3인칭도 될 수 있지 않은가! (이 문제는 뒤에서 자세히 다루겠다.)

국어사전이 우리말을 정확히 사용하는 기준이자 중심이어야 한다면 영한사전은 우리가 선진문화를 우리 것으로 소화하는 열쇠자, 우리가 우리 전통을 소중히 보듬고 세계로 나가는 열쇠여야 한다. 이제 국어사전을 우리말과 겨레의 얼에 합당하게 고치고, 여기에 근거해서 국문학자가 영문학자와 손을 맞잡아 우리말에 합당한 영한사전을 만들어야 한다. 그래서 자라나는 후학은 물론 많은 번역가가 영단어와 숙어와 영어구문을 우리말로 바꾸는 토대를 만들어야 한다.

이번에는 우리가 우리말을 익히는 국어교과서를 보자(예문은 '김정우, 국어교과서의 외국어 번역투에 대한 종합적 고찰'에서 인용). 국문학자가 정리한 국어교과서 역시 외래어에 오염돼, 우리말 본연의 가치를 잃은 사례가 곳곳에서 나타난다. (여기에서 말하는 우리말 본연의 가치란, 동일 상황이나 주장이나 생각을 한국인이 가장 단순명쾌하게 표현하고 이해한다는 의미다.)

제일 흔한 건 한자어 오염이다. 중학국어 2-1을 보면 "소리로 인해 고통받는 내 심정……"이란 표현이 있다. 한자 因이 그대로 나온다. 이것만 없애도 "소리로 고통받는 내 심정……"으로 조금은 단순명쾌하게 변한다. 하지만 "소리가 너무나 고통스러워……"가 더 좋다.

소리로 인해 고통받는 내 심정…….

→ 소리로 고통받는 내 심정…….

→ 소리가 너무나 고통스러워…….

→ 소리가 너무 시끄러워…….

중학국어 1-1에는 "친구가 되어 <u>줌으로써</u> <u>그들로 하여금</u> 친근감을 <u>느낄 수 있게 하는 것</u>은 좋은 일이다"는 구절이 나온다. 첫 번째 밑줄은 일어 "…として" 두 번째 밑줄은 한자 使, 세 번째 밑줄은 영어 "enable them to feel" 느낌이 그대로 묻어 나와서 복잡하다. 세 가지 느낌만 제거해도 "친구가 되어서 그들에게 친근한 느낌을 준다면 아주 바람직하다"로 한결 간편하게 변한다. 하지만 "그들"에 대한 설명이 앞에 있으므로, 이것까지 생략하면 "친구로 친근하게 지낸다면 아주 좋겠다"가 된다.

친구가 되어 줌으로써 그들로 하여금 친근감을 느낄 수 있게
하는 것은 좋은 일이다.

→ 친구가 되어서 친근한 느낌을 준다면 아주 바람직하다.

→ 친구로 가깝게 지내면 아주 좋겠다.

피동형 남용도 눈에 띈다. ('→'는 바꾸었다는 표시다.)

닫혀진 약국 → 문 닫은 약국 → 약국이 문을 닫다.

잘리어진 나이테 → 잘려나간 나이테 → 나이테가 잘려나가

이 글이 잘 짜여졌는지 → 글을 잘 짰는지

영어투는 당연히 넘칠 정도로 많다. 고등국어를 보면 '사랑하는 처자를 가진 가장은 부지런할 수밖에 없다'는 글이 나오는데 전형적인 명사구문으로 명사가 발전한 영어 특징을 그대로 나타내며, '가진'을 통해 'have' 동사까지 강조한다. 하지만 '가장이 처자를 가졌다'는 사고는 우리말에서 성립할 수 없다. 우리말에서는 '처자가 있다'는 정도다. 우리말은 동사 중심이니, '가장은 사랑하는 처자가 있으니 부지런해야 한다'고 바꿔야 한다.

사랑하는 처자를 가진 가장은 부지런할 수밖에 없다.
→ 가장은 사랑하는 처자가 있으니 부지런해야 한다.
→ 가장은 사랑하는 처자를 위해 열심히 살아야 한다.

이런 오류에도 화룡점정은 있다. 초등읽기 6-1에 나오는 표현이 여기에 해당한다.

"뚜렷한 생물학적 목적이 없는 웃음의 유일한 기능은 '긴장
으로부터의 해방'이다."

우리말은 조사가 절반이라고 한다. 조사는 명사에 붙어서 성격을 규정한다. 조사에 조사가 붙어서 조사 성격을 규정할 순 없다. 이중조사를 사용하면 안 되는 이유다. '한라에서 백두까지'라는 표현을 보라. 얼마나 산뜻한가? 반면에 '한라에서부터 백두까지'는 얼마나 지저분한가? 그리고 소유격 '의' 자체는 안 쓰는 게 좋지만, 군이 써야 한다면 명사에 붙여야 한다. '긴장으로부터의 해방'이란 표현은 영어 from에다 명사 성격을 강조할 때 흔히 나온다. 그런데 '긴장으로부터'라고 이중조사를 사용한 자체도 문제고 조사를 명사로 여기면서

'의'를 붙였다는 건 더 커다란 문제다. 일본에서도 소유격 'の'를 이런 식으로 사용하진 않는다. 'の'는 오직 명사에 붙기 때문이다. '에서부터의'란 표현은 일본어에 오염되다 못해 창조적으로 한 발 더 나간 결과에 불과하다. 이런 표현이 초등국어에서 '우리말'이라고 뻐젓이 얼굴을 내민다. 위 문장은 이렇게 고치는 게 좋다.

'긴장으로부터의 해방'이다.
→ '긴장에서 벗어나는 것'이다.
→ '긴장을 줄이는' 효과가 있다.

그렇다면 우리가 어릴 적에 부르던 동요는 어떤가? '꽃 찾으러 왔단다'는 2007년 5월 14일부터 2007년 7월 3일까지 KBS 2TV에서 방영하던 월화드라마다. '꽃 찾으러 왔단다'는 두 팀으로 나누어서 하는 '우리 집에 왜 왔니' 놀이에서 나왔다. 그런데 이 노래는 일본의 전래 동요 '하나이치몬메(花いちもんめ)'에서 나온다.

하나이치몬메. '하나'가 꽃이고, '이치몬메'가 1푼어치, 아주 싸고 가치 없음을 뜻한다. 직역하면 '싼 가격에 팔리는 소녀'다. 이 노래가 한국으로 건너오면서 '우리 집에 왜 왔니'가 되었다.

우리 집에 왜 왔니 왜 왔니 왜왔니~
/꽃 찾으러 왔단다 왔단다 왔단다~
무슨 꽃을 찾으러 왔느냐 왔느냐~
/예쁜 꽃을 찾으러 왔단다 왔단다~
가위 바위 보~ (이겼다. 기쁘다. 져서 슬프다)

옆집 아줌마 이리와 이리와 이리와~
/무서워서 못 간다 못 간다~

가마솥 쓰고 이리와 이리와 이리와~
/가마솥이 뚫어져 못 간다 못 간다~
이불 쓰고 이리와 이리와 이리와~
/이불 찢어져 못 간다 못 간다~

여기에서 꽃은 '여자아이'고 노래 배경은 가난한 농가다. 부모는 우리 집에 왜 왔느냐고 묻고 인신매매꾼은 꽃, 즉 어린 여자아이를 사러 왔다고 한다. 부모는 이웃에게 도움을 청하지만, 아무도 '무서워서 못 간다'며 도와주지 않는다.

그래서 인신매매꾼에 팔려간 아이는 두 갈래로 나뉜다. 당시에 의약적 효험이 있다던 생간을 빼앗기고 비명횡사하거나, 남자에게 몸을 파는 유곽으로 간다. 폭력에 밀리고 돈에 밀리면서 딸을 팔아 생계를 유지하던 시절이 고스란히 담긴 일본 노래다. 이런 노래를 제목으로 한국은 국영 TV에서 애정극으로 만든다.

우리 동요에 담긴 일본 잔재는 이게 전부가 아니다. '학교종이 땡땡땡/어서 모이자' 역시 가사만 우리말이고 박자와 음계는 '도레미솔라'라는 요나누키 5음계에 2박자로 만든 전형적인 일본식 노래다.

'두껍아 두껍아', '퐁당퐁당', '똑똑 누구십니까?', '동동 동대문을 열어라'도 모두 교과서에 담긴 일본식 노래다. 쎄쎄쎄로 시작하는 손뼉치기 노래 '아침 바람 찬바람에', 술래잡기 노래 '여우야, 여우야', 줄넘기 노래 '꼬마야, 꼬마야', 2학년 교과서에 실린 '똑똑똑, 누구십니까', '무궁화 꽃이 피었습니다' 등도 마찬가지다. 모두 일제 잔재다.

어린이들이 스스로 노래를 지어 부르는 건 어렵다. 대부분 동요 작가가 만든 노래를 부르며 자란다. 미래의 꿈나무에게 곱고 아름다운 노랫말과 곡을 붙여주진 못할지언정, 일본 제국주의 아래서 음악 교육을 받은 이들이 일본 어린이와 조선 어린이를 구별도 않고 동요랍시고 일본 곡과 가사를 들여다가 보급하는 건 정말 부끄러운 일이 아닐 수 없다.

그렇다면 우리는 지금까지 한글을 어떻게 익혔는가? 대체로 영문법을 배우고 영어문장을 해석하면서 한글을 익히지 않았는가? 국어 교과서에 실린 표현에도 영어 특징이 숱하게 나온다. 이는 한글이 어느 정도 오염됐는지를 보여 주는 좋은 지표다. 현대국어는 이렇게 외국어에 절대적인 지배를 받으며 몸부림친다. 우리말과 우리글이 지닌 개성을 찾아서 정립하려는 노력 역시 학계를 중심으로 극히 최근에 나타나는 게 현실이다. 우리 조상이 오랫동안 쌓아온 전통이 일제 식민지 지배로 단절된 가운데, 그나마 일부에서 노력한 덕분에 가느다란 물줄기라도 이어온 게 다행일 뿐이다.

한국인 다수가 우리말을 떳떳하게 사용한 역사는 아무리 길게 보아도 칠십 년 정도다. 이런 상태에서 정부는 외국어 교육을 끊임없이 강조한다. 2013년 현재 서울시 교육청 영어 학습 지원예산은 일천억 원에 달하지만, 한글 학습 지원예산은 육억 원에 불과하다. 봇물 터지듯 쏟아지는 외국어와 인터넷 신조어가 한글의 정체성을 끊임없이 흔들어대는데도 말이다.

우리는 우리말을 과연 얼마나 아는가? 아니, 그동안 어떤 식으로 얼마나 배웠는가? 불행하게도 우리는 우리말을 제대로 배운 적이 거의 없다. 일제강점기 지식인은 일어를 통해 조선어를 배우며 조선어 틀을 세우고, 우리는 영문법과 영문 독해를 통해 우리말을 배운다. 이런 식으로 계속 나가다 보면 결국 우리말은 본연의 특질을 잃고 일제 잔재조차 못 씻어낸 채 영어식으로 재편될 수밖에 없다. 물론, 이런 현상을 반길 인물은 많다, 영어를 그만큼 쉽게 배울 수 있다는 이유로. 하지만 우리가 세계에서 경쟁력을 갖추려면 우리 본연의 특질부터 확실히 다져야 한다. 우리 것을 잃은 채 저들 것만 가지고 저들과 어떻게 경쟁할 수 있겠는가? 한글을 망쳐서 영어를 쉽게 배우는 대신 각각의 특징을 파악해, 한글을 살리면서 영어를 익히는 방식이 바람직한 이유다.

우리말은 우리가 머릿속 생각을 가장 효율적으로 정리하고 주장하는 수단이며 한글은 그것을 담아내는 그릇이다. 우리말이 지닌 특징과 전통을 파악하고 정리하는 노력은 정말 중요하다. 사회구성원이 주체성과 공동체성을 확립하는 근간이다. 이것이 정부와 학계의 책임이라면 그것을 습득하고 널리 퍼트리는 책임은 교육계와 출판계는 물론 번역계의 책임이다. 사실 이것은 출판계와 번역계의 생존과 직결된 문제이기도 하다.

좋은 책을 읽으면 독자는 감동하고 힘을 얻는다. 이런 걸 체험한 독자라면 불황이 깊을수록, 힘에 겨울수록 책을 가까이한다. 하지만 나쁜 책은 독자를 내쫓는다. 지금까지 출판계는 이해할 수 없는 번역 도서 출간으로 독자를 끊임없이 내쫓았다. 그러면서 매년 '사상 최대의 불황'이라고 말한다. 이런 현상을 자신의 책임으로 바라볼 때 비로소, 우리말을 망가뜨린 결과로 바라볼 때 비로소, 출판계는 새롭게 거듭날 수 있다. 그러면 불황은 오히려 기회가 될 수도 있다.

해방 직후에 '왜색 몰아내기 운동'과 함께 '국어순화 운동'을 진행했다면 35년이 지난 1980년대로 들어서면서 출판계를 중심으로 '중역 몰아내기 운동'을 했다. 그리고 35년이 또 흘렀다. 이제는 '우리말 살리기 운동'을 펼쳐나가야 한다. 그래서 아름다운 말과 글을 통해 '정의가 강물처럼' 흘러야 한다. 책임지는 말과 책임 회피하는 말을, 참과 거짓을 모든 사람이 한눈에 파악하며 비비 꼬인 사회현실을 뚫고 나아가도록 도와야 한다. 세파에 시달리는 독자가 독서를

통해서 감동하고 힘을 얻어야 한다. 바로 이게 출판계 본연의 역할이
어야 한다.

5장 우리말이 지닌 특징과
영어가 지닌 특징, 그리고 차이

뿌리부터 다르다는 사실을 이해할 때 우리말과 영어가 살아난다

앞에서 우리는 우리말이 일본어에 오염된 역사를 보았다. 그런데 일본말이 우리말을 오염시킨 역사는 임진왜란으로 거슬러 올라간다. 왕은 의주로 도망쳐서 명나라로 피신할 기회만 엿보고 왜군은 불과 이십 일 만에 한양으로 들어오니 ─ 부산에서 선비가 과거를 보려고 온종일 걸어서 한양까지 오는 데 걸리는 시간으로 파죽지세로 입성하니 ─ 당시 백성은 '누구든 다스리면 왕이다'며 왜군을 반긴다.

그러니 일본말이 얼마나 신기하겠는가? 소유격 '의'가 우리말에 처음 등장하는 순간이다. 그게 일제 식민지를 겪으면서 본격적으로 나타난다. 임진왜란 당시는 물론 식민지 시대 지식인과 해방 이후 한국인이 일본어를 아무렇지 않게 수용한 건 일본어가 우리말과 그만큼 비슷하기 때문이다.

기본적으로 우리말과 일본어는 뿌리가 같다. 그래서 어순과 언어 골격이 똑같다. 목적어 뒤에 동사가 나오는 특징도 같고 관사와 관계 대명사가 없으며 단수와 복수라는 개념이 모호한 특징도 비슷하다. 명사는 성에 대한 개념이 없으며 자음과 모음으로 한 글자를 구성하고 경어법이 발달한 특징도 같다. 인칭대명사를 원칙적으로 안 쓴다는 사실도 마찬가지다. 특징적으로 다른 점은 문자가 다르다는 사실, 소금물에서 소금을 '소금'이란 발음 대신 자기네 발음을 살려서 말하기 때문에 '소금의 물 塩の水'이 된다는 사실, 일본인은 짧게 말하려고 애쓴다는 사실, 그리고 확실하게 말하는 대신 모호하게 말하려고 애쓴다는 사실이다. '~할지도 모른다. ~인 것 같다. ~라고 생각한다' 등의 애매한 표현이 영어사전과 영문법 책을 통해서 국내 출판물에 자주 등장하는 이유다.

하지만 영어는 우리말과 뿌리가 완전히 다르다. 그래서 정반대로 나타나는 특징이 많다. 두 언어가 지닌 차이는 아래와 같다.

첫째, 우리말은 부착어(첨가어, 교착어)고 영어는 굴절어다. (중국어는 고립어다.)

부착어란 명사에 조사나 접사를 부착해서 단어 성격을 규정하는 언어로, 우리말, 일본어, 터키어, 몽골어, 헝가리어, 핀란드어, 타밀어, 말레이어, 타갈로그어, 스와힐리어, 줄루어 등이 여기에 속한다. 반면에 굴절어는 단어 자체가 용도에 따라 굴절하는 언어로, 영어, 불어, 독어, 러시아어, 라틴어, 그리스어, 산스크리트어, 인도 - 유럽어, 아랍어 등이고 고립어는 단어가 용도와 상관없이 고정된 언어로, 중국어, 태국어, 베트남어 등이다. 그렇다면 세 언어가 지닌 차이를 둘러보자.

단어가 변하는 모습

굴절어: I, Me, My, Myself, Mine 등, 모양 자체가 굴절
      한다.

고립어: 我, 我的 등, 모양은 안 변한다.

부착어: 나는, 나를, 나의, 나도, 나만, 나부터, 나까지, 내가
      등, 명사+조사 구조에서 조사가 변한다.

동사 시제가 변하는 모습

굴절어: go, goes, went, gone, going 등, 모양 자체가
      굴절한다.

고립어: 去, 去了 등, 모양은 안 변한다.

부착어: 가다, 가는, 가고, 가던, 가니, 가지, 갈, 간다, 갔다,
      갔던, 갔을 등, 어간+어미가 변한다.

단수형이 복수형으로 변하는 모습

굴절어: man - men, house - houses, car - cars

부착어1: 사람들, 집들, 자동차들

부착어2: 여러 사람, 다양한 집, 여러 자동차

(부착어 1은 '~들'이라는 복수형 어미를 붙이고, 부착어
2는 단수형을 그대로 두고 어미 대신 형용사를 붙여서 표현
했다. 원래 우리말은 복수형이 없다는 점에서 2번처럼 복수
형을 표현하는 방식이 훨씬 바람직하다.)

(중국어는 어떤 경우든 단어가 같지만) 영어는 단어 자체가 용도에
따라 다양하게 변하고(굴절하고) 우리말은 어간+어미가 변하는 형
식이다. 여기에서 '우리말은 조사가 절반'이란 말이 나온다. 조사를

효과적으로 구사하는 게 그만큼 중요하단 얘기다.

둘째, 영어는 주어가 아주 중요하다. 무생물도 주어로 삼고 'it'라는 비인칭대명사로 가짜 주어라도 만들어야 한다. 대명사와 무생물 주어와 수동태가 발달한 이유다. 굳이 주어를 생략해서 다양성을 살리고 싶으면 앞 문장 주어를 놔두고 뒤 문장 주어를 없애서 두 문장을 쉼표(,)로 구분하며 연결하는 식이다. 영어에서 쉼표를 많이 쓰는 이유다. 이런 특징 때문에 '시제일치 원칙'도 나왔다. 그래야 쉼표 앞 문장에 있는 주어를 그대로 받을 수 있기 때문이다.

반면에 우리말은 무생물주어와 수동태를 싫어한다. 스스로 움직일 힘이 없어 남이 움직여야 하는 무생물은 동작 주체가 될 수 없다고 본 거다. 그래서 '수동태' 대신 '피동문'이라고 한다. '남의 힘으로 움직인다'는 뜻이다. 따라서 우리말은 주체적으로 움직이는 주어와 능동문이 발달했다. 동작 중심은 동사 중심과 내용 중심으로 나타나고 따라서 이중주어 문장도 가능하며 주어 없는 문장도 가능하다. 주어를 당연히 생략할 수도 있다. 아니, 주어를 생략해야 할 때가 많다. 주체가 분명한데 또 언급하는 건 중복이다. 한 문단에서 원칙적으로 주어를 한 번만 사용해야 하는 이유다.

> 이중주어 문장: <u>의 마을</u>이 우리나라에서 <u>유서</u>가 가장 깊어.
> <u>당신</u>은 <u>얼굴</u>이 참 아름다워요.
> 주어 없는 문장: 그렇게 되면 큰일이군.
> 주어 생략: (나는) 별일 없을 거예요.

반면에 영어는 주어를 하나만 써야 하니까 이중주어 '당신은 얼굴이'가 'your face'라는 소유격 주어로 변한다. 이걸 번역하면 '당신의 얼굴'이 된다. 번역어투가 나오는 순간이다.

셋째, 영어는 거의 모든 문장을 명사로 시작한다. 이는 영어가 명사 중심 언어라는 사실을 잘 알려준다. 동작이 중요한 명령문 등에서만 동사가 앞에 나온다. 반면에 우리말은 모든 문장이 동사로 끝난다. 이는 우리말이 동사 중심 언어라는 사실을 알려준다. 여기에서 우리말과 영어의 다양한 특징이 나온다.

위에서 언급한 첫째와 둘째와 셋째를 제대로 모르면 번역해도 한글이란 가면을 쓴 영어투가 나오기 일쑤다. 이런 차이가 문장에서 어떻게 나타나는지 살펴보자.

I like you.
나 좋다 너

영문에선 주어가 앞에 나오고 동사와 목적어가 뒤를 잇는다. 'I'와 'you'를 'like'가 연결하는 형식이다. 여기에서 중심어는 'I'와 'you'다. 둘 가운데 하나만 빠져도 안 된다. 'like'는 비슷한 말로 바꾸면 그만이다. 여기에서 우리는 중심어가 모두 명사라는 영어의 가장 중요한 특징을 볼 수 있다. 그럼 이 문장을 번역한 우리말을 보자.

나는 너를 좋아한다.

영어에 없는 조사가 들어간다. 조사가 없으면 우리말이 안 된다. 우리말에서 조사는 명사를 규정하며 문장이 물처럼 시원하게 흐르도록 만든다. '뉘앙스'를 살려서 '내가 너를 좋아해'도 할 수 있고 '내가 너를 좋아한다고!'도 할 수 있다.

좋아해.
좋아한다고!

여기에서 중심어는 '좋아한다'는 동사다. '나'랑 '너'를 모두 빼도 내용은 같다. '나'와 '너'가 중요하지 않아서가 아니다. 너무나 당연한 전제라서 빼는 것이다. 하지만 영어에서는 아니다. 무생물은 물론 추상명사라도 주어로 넣어야 한다. '나'와 '너'를 뺄 수 없다. 삼인칭 대명사 'It, he, she, they' 등이 발달한 이유가 바로 여기에 있다. 생략할 수 없는 주어를 다른 표현으로 바꿔서 다양성이라도 살려야 하기 때문이다.

넷째, 영어는 전치사가 발달했다면 우리말은 후치사가 발달했다. 조사와 어미다.

The book is <u>on</u> the desk.
책은 책상 <u>위</u>에 있다. (전치사에 담긴 뜻을 번역하면 안 된다.
책상 위는 공중이고, 영어로는 above the desk다.)
→ 책은 책상<u>에</u> 있다. (on을 '에'라는 조사로 번역했다.)

Could you ask him to call me <u>at</u> the office?
철수한테 사무실<u>로</u> 전화하라고 할래요?

다섯째, 위 사례에서 드러나듯, 영어는 중요한 내용을 앞에 두고 우리말은 뒤에 둔다. 주소를 적을 때도 영어는 제일 앞에 이름을 쓰지만, 우리말은 제일 뒤에 쓰고, 성명을 표기하는 방법도 영어는 이름+성이지만 우리말은 성+이름이다. 이런 사고방식은 언어에 밀접하게 나타난다. 아래 사례를 보자.

1) Zelda succeeded because she worked hard.
2) Because Zelda worked hard, she succeeded.

1번 문장은 'Zelda succeeded'를 강조하고 2번 문장은 'Zelda worked hard'를 강조한다.

1) 젤다는 열심히 일해서 성공했다.
2) 젤다가 성공한 건 열심히 일했기 때문이다.

우리말 번역이다. 1번 문장은 '젤다가 성공했다'는 사실을 강조하고 2번 문장은 '젤다가 열심히 일했다'는 사실을 강조한다. 이런 차이는 앞뒤 문장이 끊임없이 이어지며 밀고 당기는 소설에서 뉘앙스를 살리는데 아주 커다란 역할을 한다.

여섯째, 영어는 명사를 수식하는 관계절이 뒤에 오지만 우리말은 앞에 온다.

This is the student who(m) I like to talk to.
내가 대화를 나누고 싶은 학생은 바로 이 학생이다.
(명사구 중심 독해)
→ 나는 이 학생과 대화를 나누고 싶다.
(동사 중심 번역)

He struck up a sturdy song that was like a Gale in itself.
등대지기가 그 자체로 질풍노도 같은 억센 노래를 불렀어.
(명사구 중심 독해)
→ 등대지기가 억센 노래를 부르는데, 질풍노도 같더군.
(동사 중심 번역)

일곱째, 명사를 중시하는 영어권은 물질문명이 발달하고 동사를 중시하는 한국은 정신세계가 발달했다. 영국에서는 장사꾼이 자본 가계급으로 성장하며 산업혁명을 일으켜서 봉건사회를 무너뜨리지만 조선시대는 장사꾼을 경멸하고 가난해도 글을 읽은 선비를 존경했다는 사실에서 잘 나타난다. 세종대왕이 하늘과 땅 그리고 인간을 중심으로 한글을 만들었다는 사실 역시 좋은 사례다.

여덟째, 영어는 동사 성격을 규정하는 법조동사(do, will, shall 등)가 동사 앞에서 나오는데 우리말은 뒤에서 나온다.

I'll drink for his health.
그분이 건강하길 바라며 건배하겠다.

I don't want to get involved in this matter.
나는 이번 문제에 관여할 마음이 없다.

아홉째, 영어는 명사를 앞에서 수식하는 형용사와 뒤에서 수식하는 관계절이 발달하고 우리말은 동사를 수식하는 부사가 발달했다. 형용사(여러 개)＋명사＋관계절을 그대로 번역하면 명사구문이라는 이상한 우리말이 나오는 이유다. '그렇고 그래서 그런 철수'라는 명사 중심 표현을 '철수가 그렇고 그래서 그렇다'는 동사 중심 표현으로 바꾸면 우리말이 살아난다. 품사를 자유롭게 넘나드는 번역이 필요한 이유다.

열째, 영어는 과학적인 표현을 중시하고 우리말은 감성적인 표현을 중시한다. 영어는 18세기에 시제 세 개에다 각각의 완료형 세 개, 각각의 완료진행형 여섯 개를 정립해서 '동사변형'이라는 문법형식으로 '시간의 흐름'을 모두 담으려고 하지만 우리말은 그것을 시간부사로 다양하게 표현했다. 외국어 영향을 받은 다음에 비로소 주시경 선생이 1913년에 '과거, 현재, 미래'라는 시제 세 개를 국문법에 도입해서 현재까지 이어올 뿐이다. '나는 서울에 간다'는 현재형에 시간부사를 붙이면 어떻게 되나 살펴보자.

나는 지금 서울에 간다.
('지금'이란 시간부사가 현재를 강조한다.)

나는 내일 서울에 간다.
('내일'이란 시간부사 때문에 '간다'는 동사는 같지만, 문장은 미래형으로 변한다.)

그럼 영어는 시간부사가 시제에 어떤 영향을 미치나 보자.

He was <u>still</u> there.
잭은 (당시에) 거기에 <u>그대로</u> 있었다. (과거)

He is <u>still</u> there.
잭은 (지금도) 거기에 <u>그대로</u> 있다. (현재)

시간부사 'still'은 시제에 아무런 영향을 안 미친다. 동사 'was'와 'is'가 시제를 결정한다. 영어는 동사가 시제를 결정하는 구조다. 따라서 'still'에 담긴 뜻도 우리말에 맞게 번역해야 한다. 시제를 번역할 때는 시간부사를 첨가해야 느낌이 살아난다. 시제는 번역어투와 오역을 낳는 공장이다. 과학적인 언어와 감성적인 언어가 살벌하게 부닥치는 접경지대기 때문이다. 뒤에서 자세히 다루겠다.
열한째, 영어는 정관사와 부정관사로 사물의 특징을 규정하고 전치사로 사물의 위치를 묘사하는 반면에 우리말은 아예 그런 게 없어야 편하다. 사례를 보자.

> The book is on the desk. / He is in the room.
> 그 책은 그 책상 위에 있다. / 그 사람은 그 방 안에 있다.

정관사와 전치사를 모두 담아낸 번역이다. 한눈에 봐도 딱딱하다. 이런 상황을 우리는 일반적으로 어떻게 표현할까?

> (그) 책은 책상에 있다. / 철수는 방에 있다.

전치사가 없고 정관사도 없다. 물론 영문법 책에서는 전치사 'in'과 'on'을 '안'과 '위'로 번역하라고 가르친다. 하지만 감성적인 우리말에 과학적인 표현이 들어가면 딱딱하게 변하는 결과만 나온다. 게다가 '책상 위'라면 '책상 위 공중'이 된다. 말이 꼬인다. 영문법식 독해가 아니라 우리말에 맞는 번역이 필요한 이유다. 영문법 해설책은 영문법을 설명하기 위해 우리말을 영어식으로 뜯어고친 책이다. 그리고 우리는 이런 영문법을 공부하면서 '영어식 우리말'을 익힌다. 하지만 우리말에서는 은근슬쩍 표현하는 기법이 중요하다.

열둘째, 우리는 '나', '너', '우리', '너희'라는 공동체 의식이 DNA에 뿌리 깊게 박혔다. '우리 아빠', '우리 학교', '우리 집', '우리 동네', '우리 친구'라는 표현이 자연스럽게 나온다. 하지만 이런 표현은 소유 개념이 발달한 영어에서 불가능하다. 'a friend of mine'이나 'one of my friends'라는 이중소유격까지 나오며, 중심은 언제나 '나'니 말이다.

그래서 'have' 동사가 차지하는 비중 역시 엄청나다. 'have a

meeting, have a friend, have a meal' 등 모임도 가지고, 친구도 가지고, 식사도 가진다. 영어사전에서 'have'를 찾으면 상당히 많은 예문과 설명이 나온다. 재미있는 건 국어사전 역시 마치 영어사전이라도 번역한 것처럼 예문을 엄청나게 실으며 '가지다'를 설명한다는 사실이다. 물질문명보다 정신세계를 중시하는 우리말에서 '가지다'는 동사는 중요하지 않은데도 말이다. 아래처럼 표현하는 게 좋다.

모임을 가지다.
→ 모임을 하다. (사실 이것도 번역어투, 명사 중심이다.)
→ 모이다. 만나다. 회의하다. 놀다.

친구를 가지다.
→ 친구를 사귀다. 친구가 있다. 친하게 지내다. 친하다.

식사를 가지다.
→ 식사하다.

우리말과 영어가 다른 특징을 옆에 표로 정리했다. 서로 뿌리도 다르고 나뭇등걸도 다르고 나뭇가지도 다르고 잎사귀도 다르다는 사실이 확연히 드러난다. 우리말과 영어는 일대일로 온전하게 대응하는 단어조차 없다. 영어는 원초적인 욕구가 담긴 '먹다, 자다, 입다, 싸다'란 동사를 명사로 그대로 사용한다. 게다가 'take a walk'처럼 명사구문을 만들어서 사용하는 걸 고급표현으로 여긴다. 영일사전은 일본이 개화기 때 영어를 습득하기 위해 일대일 대응어를 억지로 만들면서 나온 결과물이고 영한사전은 그것을 그대로 들여온 결과물이다. (뒤에서 자세히 살펴보겠지만, 영어 시제가 열두 개라는 영문법도 일본식 영문법이다. 영미권 영문학자는 시제 셋, 상태를 나타내는 '상〈완료형〉' 셋, 의지나 희망 등 감정을 나타내는 '서법〈진행형〉' 여섯으로 구분한다.)

〈우리말과 영어의 차이〉

한 국 어	영 어
우랄 알타이어족	인도 유럽어족
부착어(첨가어) : 어미와 접사가 변하면서 단어 기능을 결정한다. (우리가, 우리는, 우리도, 우리를 등 어미에 따라서 기능이 변한다.)	굴절어 : 문장 속에서 문법적 기능에 따라 단어 형태가 변한다. (단수와 복수가 다른 게 좋은 사례다.)
내용 중심 (이중주어 가능, 주어 생략 가능)	주어 중심 (주어 생략 불가능)
동사 중심	명사 중심
주어+목적어+동사 (어순 변화가 자유로움)	주어+동사+목적어 (어순이 비교적 고정됨)
조사와 어미 발달(후치사 발달)	타동사와 전치사 발달
높임말 발달	높임말이 원칙적으로 없다.
법조동사가 동사 뒤에 나온다.	법조동사가 동사 앞에 나온다.
관계절이 앞에서 중심어를 수식한다.	관계절이 뒤에서 중심어를 수식한다.
중요한 내용을 뒤에 나타낸다.	중요한 내용을 앞에 나타낸다.
모든 문장이 동사로 끝난다.	모든 문장이 명사로 시작한다.
정신세계가 발달	물질문명이 발달
생물만 주어로 인정	무생물주어 발달
대명사와 수동태를 싫어한다.	대명사와 수동태가 발달

동사를 수식하는 부사가 발달	명사를 앞에서 수식하는 형용사와 뒤에서 수식하는 관계절이 발달
감성적인 표현기법을 중시	과학적인 표현기법을 중시
시간부사가 발달	시제가 발달
시제 불일치 현상	시제 일치 원칙
공동체 문화 발달	개인의 소유개념 발달 대명사 소유격, 이중소유격 발달

따라서 '영어 문장을 우리말 문장으로 직역한다'는 개념은 원칙적으로 번역세계에 존재할 수 없다. 영한사전과 영문법 책에서 정의한 대로 따르는 건 출발어 내용을 파악하는 수준의 독해에 불과하다. 이런 방법으로는 우리말이 제대로 나올 수 없다. 영어의 명사나 구나 절을 그대로 옮긴 결과는 내용이 어색한 나머지 결과적으로 오역처럼 보일 때도 잦다.

우리말은 동사 중심이다

우리말은 동사 중심이니, 동사를 수식하는 부사가 당연히 발달할 수밖에 없고 영어는 명사 중심이니, 명사를 수식하는 형용사가 당연히 발달할 수밖에 없다. 여기에서 우리말과 영어는 다양한 차이가 일어난다. 이런 차이를 무시한 번역은 명사 중심에다 이중, 삼중 형용사를 그대로 표현할 수밖에 없다. 전형적인 '영어 번역투며 그걸 보는 독자 역시 그만큼 혼란스러울 수밖에 없다. 하지만 메이지유신 직후에 출발어를 그대로 번역하던 일본은 당연히 명사 중심으로 번역할 수밖에 없고 식민지를 살아가던 지식인은 그것을 비판 없이 받아들인 결과 우리말도 명사가 중심처럼 보이게 되었을 뿐이다.

그래서 조선왕조실록(朝鮮王朝實錄)이나 난중일기(亂中日記), 동의보감(東醫寶鑑) 등도 우리 눈에는 당연히 명사처럼 보인다. 하지만 동사를 중시한 우리 조상에게 이것은 '조선왕조에서 실제로 일어난 사건을 기록하다', '전란을 겪는 도중에 하루하루 기록하다', '동쪽 나라에서 소중한 의학 목록을 살피다'는 내용이다. '錄'은 '(공식적으로) 기록하다'고 '記'는 '(개인적으로) 기록하다'며 '鑑'은 '살피다'란 동사니 말이다.

'약포집'이나 '피난행록'을 보면 임진왜란 때 세자 광해군이 왜군 점령지를 돌아다녀서 민심을 불러일으키며 활동한 내용에 소제목을 붙이는데, '백성들의 믿음을 잃지 마소서! - 민심이 왕세자를 남쪽으로 이끌다'는 식으로 번역한다. 그게 한자로 모이면서 명사에 익숙한 우리 눈에 명사처럼 보일 뿐이다.

주어 생략

주어를 자유롭게 생략하는 특징은 문단에서 그대로 나타난다. 영어는 한 문단에서 동일 인물이 여러 번 나올 수밖에 없지만, 우리말에서는 해당 인물을 한 번만 표기하고 나머지는 생략하는 게 좋을 때가 많다. 사례를 보자.

<u>스크루지</u>는 자신이 약속한 것 이상으로 모든 것을 해줬어. 무한정으로 베풀었지. 꼬맹이 팀은 안 죽어서 <u>스크루지는 팀에게</u> 두 번째 아버지가 됐어. <u>그는</u> 좋은 친구, 좋은 사장, 좋은 사람이 됐어. 오래된 이 도시나 다른 대도시, 소도시, 동네에 사는 어느 사람보다 말이야. 어떤 사람은 <u>스크루지</u>가 개과천선한 모습을 보고 비웃었지만 스크루지는 웃게 내버려 뒀어. 전혀 신경을 안 썼지.

찰스 디킨스가 쓴 '크리스마스 캐럴' 후반부에 나오는 문단이다. '스크루지'라는 이름이 대명사를 포함해 다섯 번이나 나온다. 여기에서 앞에 나오는 스크루지만 놔두고 나머지는 모두 생략해야 우리말이 살아난다. 그렇다면 아래처럼 고치는 게 어떨까?

<u>스크루지</u>는 자신이 내뱉은 말 이상을 실천했어. 자기 입으로 한 말을 지킨 건 물론 훨씬 많은 선행을 베풀었지. 그리고 꼬맹이 팀한테 ― 죽지 않은 팀한테 ― 둘째 아빠가 돼주었어. 그리고 좋은 벗으로, 좋은 스승으로, 좋은 사람으로 명성을 떨쳤어. 유서 깊은 도시는 물론이고 전국 방방곡곡에 널리 퍼질 정도로. 세상 사람 일부는 그렇게 변한 모습을 보고 비웃기도 하지만 본인은 남이 비웃건 말건 개의치 않았지.

'스크루지' 다섯 개를 하나로 줄였다. 여러분이 보기에는 어떤가? 아래는 원문이다. 문장을 하나씩 비교해서 검토하면 좋은 공부가 될 것 같다.

Scrooge was better than his word. He did it all, and infinitely more; and to Tiny Tim, who did not die, he was a second father. He became as good a friend, as good a master, and as good a man, as the good old city knew, or any other good old city, town, or borough, in the good old world. Some people laughed to see the alteration in him, but he let them laugh, and little heeded them.

6장 대표적인 번역어투

1) 대표적인 번역어투 1 - 그/그것/그녀/그들

최근에 아주 재미있는 논문이 한 편 나왔다. 고려대 국문과 박사학위 논문으로 발표한 '국어 번역 글쓰기(김혜영, 2009년)'다. 김혜영씨는 번역소설에서 사용한 어휘 100만 절과 창작소설에서 사용한 어휘 100만 절을 비교해서 번역어투를 찾아냈다. 논문에서 지적한 번역어투와 그런 어투가 나오는 원인 및 해결 방법을 알아보자.

영어는 인간관계보다 인간이라는 존재 자체를 중요하게 여긴다. 그래서 I, You, He/She, They로 모든 인간을 표현한다. 하지만 우리한테는 '나, 저, 소자, 소녀, 소생, 불초'가 있고 '너, 자네, 그대, 임자, 당신, 어르신'이 있고 '걔, 그 애, 그이, 그분, 그 어르신, 창식이네, 광주댁' 등 다양한 표현이 있다. 길에서 처음 만난 사람에게 "아저씨, 아주머니"란 말이 그냥 나오고 예의가 바른 사람은 "어머님, 아버님"이란 호칭까지 사용한다. (영어에선 생각할 수도 없는 표현이다.) 관계를 중시하는 거다. 재미있는 건 '선생님'이나 '사장님'처럼 1인칭, 2인칭, 3인칭으로 모두 사용하는 표현도 많다는 사실이다. 감성과 관계에 근거해서 호칭을 사용하는 거다.

그런데 번역소설에서 영어식 호칭이 많이 등장하며 (대명사를 사용하는 비율은 창작소설이랑 비슷한데, 이는 우리말이 영어에 그만큼 오염되었다는 증거다) '그', '이것/이거'란 표현은 두 배가 많고 '그것/그거'란 표현 횟수는 세 배를 웃돈다. 'he', 'it', 'this', 'that' 때문이다. 문제는 창작소설에서 '그녀'라는 표현을 사용한 횟수가 번역소설보다 많다는 사실이다. 물론 용도는 약간 다르다. 번역소설에서 '그녀'는 앞 문장 주어를 그대로 받아내는 기능을 하지만 창작소설에서는 신비감을 조성해서 독자한테 호기심을 끌어내는 기법으로 사용한 사례도 많다. 이런 독특한 기능이 아니라면 삼인칭 대명사는 이름을 그대로 표기해서 독자가 쉽게 이해하도록 하는 게 좋다.

어머니가 방문을 열었다. 그녀는 기다란 원피스를 입고 있었다.
→ 어머니가 방문을 열었다. 기다란 원피스 차림이었다.

번역 출간 서적에 기재한 표현을 고쳐보았다. '그녀'라는 표현이 정말 어색하다. '어머니'라고 표현하면 쉽게 해결할 문제다(반복하는 주어는 아예 생략해야 한다). 한글은 영어와 달라서 삼인칭 대명사는 독자를 혼란스럽게 만들 때가 많다. 게다가 영어는 한 문장에서 똑같은 인물이 두세 번씩 나올 때도 있는데, 주어, 보어, 목적어를 중시하는 특징 때문이다. 하지만 우리말은 문맥 파악에 지장이 없는 한 주어, 보어, 목적어를 자유롭게 생략한다. 그런데도 번역 문장이

나 문단에서 한 인물이 두세 번씩 나온다면 술술 읽기가 힘들 수밖에 없다. 사례를 보자.

> 샐리는 해리에 대한 걱정을 한편에 밀어 두고 <u>그의 단짝이던 아이</u>에 대해 생각했다.

여기에서 '그'는 누굴까? 해리? 샘? 잭? 본문을 보자.

> She put aside her worries about Harry and turned her thoughts to <u>the boy who had once been Harry's best friend</u>.

본문에는 <u>해리랑 제일 친하게 지내던 아이</u>라고 나온다. 삼인칭 대명사를 그렇게 좋아하는 영어에서도 혼동을 줄이기 위해 이름을 적었다. 우리는 그것을 '그'라는 삼인칭으로 바꾼 거다. 이것 역시 우리가 영어식 표현에 그만큼 오염되었다는 증거다.

창작소설은 일인칭 → 이인칭 → 삼인칭 순서로 인칭대명사를 쓰는데 번역소설은 삼인칭 → 이인칭 → 일인칭 순서로 많다. 이것은 우리말이 '나', '너', '우리' 등 능동형 중심이고(한글 창제 원리가 '땅', '하늘', '인간(너, 나, 우리)'이라는 사실이 좋은 사례다), 영어는 '무생물주어' 등 다양한 주어에 피동형 중심인데, 그것을 그대로 번역해서 나타난 현상이다. 예를 보자. 번역출판물에 이런 내용이 있다.

> 연구들은 인간이 동물과 공통점이 많다는 사실을 보여주었다.

이게 무슨 말인가? 원문을 보면 아래와 같다.

The studies showed that human beings have a lot
of things in common with animals.

무생물주어구문이다. 여기에서 제일 중요한 건 새로운 주어를 찾
아야 한다는 사실이다. 우리말은 무생물주어를 싫어하기 때문이다.
그런데 'The studies showed that'은 'The studies showed
us that'에서 'us'를 생략한 표현이다. 그렇다면 '우리'라는 주어가
나온다. 그리고 '연구들은'이란 복수형 주어는 '다양한 연구를'이란
단수형(?) 목적어로 바꾸어야 한다. 그러면 이렇게 되겠다.

우리는 다양한 연구를 통해서 인간이 동물과 공통점이 많다
는 사실을 파악했다.

이제 비로소 무슨 말인지 알겠다. 우리말이 지닌 특징을 살려서
번역하면 이렇게 일인칭 주어가 살아난다.

이렇게 번역하면 좋다.

* The fact tells us that ~
그 사실이 우리에게 that 이하를 알려준다.
→ 우리는 그 사실을 통해서 that 이하를 깨닫는다.

* The studies showed us that ~
다양한 연구는 우리에게 that 이하를 보여 주었다.
→ 우리는 다양한 연구를 통해서 that 이하를 파악했다.

2) 대표적인 번역어투 2 - 장형부정

'하다'의 상대개념은 '하지 않다'가 아니라 '안 하다' 혹은 '못 하다'다. 그런데 번역서를 보면 '하지 못하다' 등과 같은 이상한 표현이 툭하면 나온다. '~을 못 한다'고 말하는 게 정상인데도 '~을 하지 못한다'는 식으로 표현하는 것이다. '안 하다'와 '못 하다' 등과 같은 단형부정은 창작소설에서 많이 보이지만 번역소설에서는 '하지 못하다'나 '하지 않다'나 '가지 않다'는 장형부정이 많다. 창작소설에서 부정부사 사용 순위 1위는 '안 (하다)'인 반면에 번역소설에서는 사용횟수가 절반도 안 되고 '못~' 등도 창작소설에서는 상위를 차지하지만, 번역소설에서는 절반도 안 되는 1/3수준이다.

우리말은 장형부정을 피하고 단형부정을 좋아하는 특징이 있다. 한문 '不'의 영향을 받아 '아니 하다'는 장형부정이 생겼으나 자주 사용하진 않았다. 그러다가 영어 'is not going' 식의 표현 때문에 '가지 않는다'는 식의 장형부정을 사용하는데, 여전히 어색한 건 어쩔 수 없다.

여기에서 우리말 원형질을 한번 짚고 넘어가자.

> 泰山雖高是亦山
> 登登不已有何難
> 世人不肯勞身力
> 只道山高不可攀

조선시대 관리며 학자 양사언이 쓴 칠언시다. 이걸 직역하면 아래와 같다.

태산이 높다하되 하늘아래 뫼이로다.
오르고 오르면 오르지 못할 까닭이 없건데
사람이 제 아니 오르고
뫼만 높다 하더라.

초역한 다음에는 우리말만 보면서 적합하게 바꾸는 과정이 필요하다. 이렇게 되겠다.

태산이 높다 하되 하늘 아래 뫼이로다.
오르고 또 오르면 못 오를 리 없건마는
사람이 제 아니 오르고
뫼만 높다 하더라.

登登不已有何難에 대한 표현에서 차이가 크다. 두 번째에서는 '登登'이라는 반복 동작에 '또'라는 부사를 넣어서 살리고 '不'을 '오르지 못하다'는 장형부정에서 '못 오르다'는 단형부정으로 바꾸면서 '없건마는'으로 운율을 살려주었다. 한국인이 쑥쑥 읽히는 문장을 중시한다는 사실, 그리고 한문 접미사 不의 의미를 그대로 살리는 '오르지 못하다', '하지 않다', '가지 않는다' 보다는 '못 오른다', '안 한다', '안 간다'는 직접적인 표현을 선호한다는 사실을 나타내는 좋은 사례라고 할 수 있다. 장형부정을 피하고 단형부정을 사용하는 습관이 중요한 이유다. 장형부정을 단형부정으로 바꾼 몇 가지 사례를 보자.

신경 쓰지 않으면 → 신경 안 쓰면
그렇지 않아 → 안 그래

가지 않는다 → 안 간다

가지 않을 것이다 → 안 가겠다

씻지 않을 거예요 → 안 씻겠어요

할 수 없다 / 하지 못 한다 → 못 한다.

3) 접속사 and/but/because/if 등에서 나타나는 번역어투

'A, B, and C'라는 영어 구문이 있다. 상황을 설명할 때 자주 나오는데, 'He is tall, dark, and handsome' 같은 문장이다. '그 사람은 키도 크고 돈도 많고 잘 생겼어'라는 뜻이다. 여기에서 'and'는 설명이 끝난다고 예고한다. 하지만 우리말은 'A and B'형 서술에 익숙하다. '그 사람은 키도 크고 잘생겼어'라든가 '그 사람은 돈도 많고 얼굴도 잘생겼어'라는 식으로 말이다. 따라서 위 같은 문장을 번역할 때는 '그 사람은 잘생긴 얼굴에 키도 크고 돈도 많아'라는 식으로 'A랑 B' 형식을 살리는 것도 좋은 방법이다. 굳이 세 개로 서술할 때는 'A랑 B, C' 혹은 'A와 B, C' 식으로 표현해야 한다. '~랑', '~와'는 'and'와 달리 서술이 이어진다는 사실을 암시한다. 영어와 완전히 반대다. 하지만 문법책에는 하나같이 'A, B, 그리고 C'라고 번역하도록 강요한다. 게다가 'and'가 나오면 무조건 '그리고'다.

번역소설에서 '하고 그리고', '~며 그리고', '~와 그리고' 등 접속사 중복이 많이 나오는 이유다. '~고', '~며', '~와' 자체가 접속사인데 접속사 '그리고'를 또 넣은 거다. 이럴 때는 당연히 '그리고'를 생략해야 한다. 'and'는 단순 열거, 대조, 역접, 강조, 화제전환,

88

연속 동작, 조건, 인과관계 기능을 한다. 문장 흐름에 맞는 기능을 찾아서 번역하는 건 아주 중요하다.

She had a pink nose and pink ears.
고양이는 코도 분홍색, 귀도 분홍색이었다.
(단순 열거: ~도, ~고, ~와/과, 그리고)

He says he hasn't got a penny and he's driving around in a new Porsche.
잭은 돈이 한 푼도 없다고 하면서도 신형 포르셰를 몰고 돌아다녀. (역접: 그런데도)

The man is mean and careless, and stupid.
그 사람은 비열하고 부주의한 데다가 멍청해.
(강조: ~데다가, 게다가)

번역소설은 '그러나'가 많지만, 창작소설에서는 '그러나'와 '그런데'가 골고루 나온다. 'but'을 '그러나'로 번역한 결과다. 'and'가 나오면 무조건 '그리고'인 것처럼 'but'이 나오면 '하지만/그러나'기 때문이다. 하지만 '그런데'가 적합할 때도 잦다.

"네가 다음 주에 한가하다니 다행이야. 하지만 사실은 나 다음 주에 결혼해."

친구한테 약간 쑥스러우면서도 자랑스럽게 말하는 장면이다. 그런데 '하지만'이 어색하다. '하지만'은 앞 내용을 부정하는 역접관계다. 여기에서는 앞 내용을 긍정으로 받아내며 다른 내용으로 전환하는 순접 '그런데'가 좋다. 따라서 "~한가하다니 다행이야. <u>그런데</u> 사실은……"으로 바꿔야 한다.

> It wasn't the red one but the blue one.
> 빨간색이 아니라 파란색이었어.
> (강한 역접: 아니라, 하지만, 그러나)

> He's not good-looking. But he's got brains.
> 미남은 아니야. 그런데 머리는 정말 좋아.
> (대조: 그런데)

> Nothing, but nothing would make him change his
> mind.
> 무엇도, 그 무엇도 철수 마음을 못 바꾼다. (강조: 그)

'또는' 역시 번역소설에서 특히 많이 나온다. 하지만 이런 표현은 원래 우리말에 없다. 그런데 영어 'or'를 일본에서 설명하려고 'または'를 만들어서 사용하는 걸 소위 배웠다는 지식인이 우리말로 억지로 받아낸 거다. 그러다 보니 국어사전까지 '내일 또는 모레'나 '비 또는 눈이 온다'는 용례를 실어서 설명한다. 하지만 우리에게는 '내일이나 모레'란 표현이 있고 '비나 눈이 온다'는 말이 훨씬 편하다. '유리 또는 불리한 내용' 역시 '유리하거나 불리한 내용'이 좋다.

'or'는 선택, 의문, 부정문에서 내용열거, 경고, 충고, 동격어구 연결, 역접 기능을 한다. 애초에 '또는'으로 담을 수가 없다. 사례를 보자.

> Give me liberty, <u>or</u> give me death!
> 자유가 <u>아니면</u> 죽음을 달라! (선택: 아니면)

I can't tell if it will rain or not.
비가 올지 안 올지 모르겠다. (의문: ~ㄹ는지)

'왜냐하면'도 대표적인 번역어투다. 'because, as, since, for'
등을 원문 그대로 '왜냐하면 ~기 때문이다'로 번역한 결과다. 이런
경우에는 '~기 때문이다'가 있어서 '왜냐하면'은 중복이므로 삭제
해야 한다. 인과관계를 나타내는 연결어미 '~(으)니'와 '~(으)니
까'를 사용하는 빈도가 낮다는 점 역시 번역소설에서 나타나는 특징
이다. 창작소설의 1/3에 불과하다. '왜냐하면 ~기 때문이다' 대신
'~(으)니'나 '~(으)니까' 등의 연결어미로 문장을 연결하는 방법
역시 번역어투에서 벗어나는 한 가지 방법이다.

번역소설에 나오는 대표적인 조건절은 'if'에서 나오는 '만약(만
일) ~ㄴ다면(라면)'인데, 이는 '왜냐하면 ~기 때문이다'와 마찬가
지로 상투적인 번역어투다. 여기에서도 '왜냐하면'과 마찬가지로 조
건부사 '만약, 만일'을 생략해서 중복을 피해야 한다.

'그럼에도 불구하고' 역시 번역소설이 창작소설의 세 배에 육박한
다. 'in spite of'를 일본에서 'そのようであるにもかかわらず'로 규
정하고 한국이 그대로 받아들였기 때문이다. 'in spite of 명사'를
우리말로 표현할 때는 '~(명사)에도 불구하고'보다는 '(명사)하는
데도'로 바꾸는 게 좋다. 아래 사례를 보고 참고하라.

In spite of the rain, the meeting was a success.
비가 오는데도 모임을 잘 치렀다.

In spite of being sick, she went to work today.
젤다는 몸이 아픈데도 / 아픈 몸을 이끌고 오늘 일하러 갔다.

In spite of the great pain, he did not let out a sound.
늑대소년은 심하게 아픈데도 찍소리조차 안 냈다.

'가장, 매우, 아주, 너무'라는 정도부사가 창작소설보다 번역소설에서 두 배나 많다는 사실도 재미있다. 'too~to'나 'very much' 때문이다. 'too~to'는 '너무 ~해서 ─ 하다'는 일률적인 표현보다 문장에 따라 한국식 표현을 찾아내는 게 좋다. 'too good to be true'를 '믿기지 않는다'는 식으로 말이다. '너무'라는 표현은 정도가 지나치다는 사실을 부정적으로 지적하는 말이다. '너무 커'는 필요 이상으로 커서 안 좋다는 의미다. 그렇다면 '좋다'라는 긍정을 '너무'라는 부정으로 수식하는 '너무 좋아'를 어떻게 받아들여야 할까? 머리가 뒤틀려서 황홀경에 빠져들어야 할까? 'too~to'에서 나온 '너무'가 우리말을 오염시킨 사례에 불과하다. 이럴 때는 '정말/매우/몹시/대단히/굉장히 좋아'라고 해야 한다. (최근에 국립국어원에서 '너무'를 긍정으로 받아들인다고 발표했는데, 이를 어떻게 평가해야 할까?)

4) '것'에 담긴 내용을 찾아라

'것' 역시 대표적인 번역어투 가운데 하나다. 명사구를 중시하는 영어 특징을 일본어에서 그대로 받아내고 우리말은 그걸 받아들인 사례다.

"~것이었던 것이었던 것이다."

일제의 영향을 강하게 받은 신파소설, 신파연극, 신파영화에서 많이 등장하는 표현이다. 무성영화를 보면서 변사가 "~것이었던 것이었던 것이다"라고 늘어지게 말할 때마다 관객은 눈물을 흘리던 시절이 있었다. 일어의 영향도 있지만, 영화장면과 변사의 슬픈 어투가 관객의 감정을 고조시키는 효과도 있기 때문이다. 하지만 글자는 다르다. 지금 생각해도 얼굴이 화끈거리는 경험을 한 적이 있다. 본격적으로 번역생활을 하기 전에 우연히 일서 한 권을 번역한 적이 있는데, 위 표현이 정말 많이 나오는 거다. 그래서 나는 정확히 번역하고 싶은 마음에 '것'을 숫자까지 세면서 그대로 번역했다. '것'이 네 번까지 나와서 '심하다'고 생각하며 원고지에 그대로 적었던 기억이 난다. 지금 생각해도 창피할 뿐이다. 그럼 '것'을 어떻게 표현하는 게 좋을까? 우선, '것'에 담긴 뜻을 찾아서 표현해야 한다.

> 불안하고 고통스러운 것은 환자만이 아니라는 것을 이해시
> 키려는 의도로 그렇게 말할 수도 있을 것이다.

출판물에 나온 표현이다. '것'에 내용을 부여하면 이렇게 바뀐다.

> 불안하고 고통스러운 마음은 환자만이 아니라는 사실을 이
> 해시키려는 의도로 그렇게 말할 수도 있다.

'것'을 '마음', '사실'로 바꾸고 세 번째 '것'은 생략했다. 이제 비로소 한글 냄새가 난다. 하지만 아직도 명사구 중심이라서 딱딱하다. 동사 중심으로 바꾸면 어떨까?

> 환자만 마음이 불안하고 고통스러운 건 아니라는 사실을 알
> 리고 싶어서 그렇게 말할 수도 있겠다.

〔명사구 보문+의존 명사 '것'〕에 나오는 '것' 역시 생략하는 게 좋다.

앞서 살펴본 것처럼 → 앞에서 살펴보았듯이
세계대전의 원인이 된 것은 → 세계대전이 일어난 원인은

5) 소유격 '의'는 동사 중심 한글을 명사 중심 영어처럼 만드는 지름길

동사를 명사처럼 표현한 사례는 번역소설에서 특히 심하게 나타난다. 소유격 '의'가 많이 나오는 원인이다. '의'를 통해서 의성어까지 명사로 만든 사례를 보자.

시냇물의 조잘거림이
→ 시냇물이 조잘조잘 / 조잘조잘 시냇물이

자침의 동쪽으로의 치우침이
→ 자침이 동쪽으로 치우쳤다는 사실은

우리말 번역가라면 우리말을 영어처럼 표현하는 것보다 영어를 우리말처럼 표현하는 데에 익숙해야 한다. 동사까지 명사로 바꾸는 게 아니라 명사까지 동사나 부사로 번역할 정도로 동사 중심 표현을 살리는 게 좋다는 뜻이다.

영어는 주어를 중시하는 반면에 우리말은 이중주어도 사용하고 생략도 자유로울 정도로 주어를 가볍게 바라본다. 주체가 누군지 알 수 있으면 주어를 생략해야 문장 흐름이 살아난다. 하지만 이런

특징을 외면한 채 영어의 소유격 주어를 바라본다면, 그래서 우리말 특유의 이중주어를 무시한다면 소유격 '의'가 나올 수밖에 없다. 역으로, 이중주어를 사용하면 영어의 소유격 주어를 깨끗하게 해결할 수도 있다.

Your face is so beautiful.
당신의 얼굴은 아름답다.
→ 당신은 얼굴이 아름답다.

the Spirit's eyes were clear and kind.
신령의 눈은 맑고 다정했다.
→ 신령은 눈이 맑고 다정했다.
→ 신령이 맑은 눈으로 다정하게 바라보았다.

Scrooge's hand was on the lock.
스크루지가 손으로 문고리를 잡았다.

called him by his name.
스크루지의 이름을 불렀다.
→ 스크루지라는 이름을 불렀다.

his own room
스크루지의 방 → 스크루지 방
ex) 철수의 엄마 → 철수 엄마

6) 명사를 줄이고 동사를 살려서 한글 문장을 단정하고 명쾌하게
   만들자

글은 말과 다르다. 사람이 서로 대화를 주고받을 때 말은 대충 표현해도 표정과 어감으로 내용을 전달하는 반면에, 글은 대충 표현하면 엉켜서 독자가 이해를 못 한다. 그래서 번역 작품은 물론 창작 작품까지 표현이 꼬이면서 독자를 어렵게 만들곤 한다. 단순명쾌한 표현은 독자가 내용을 한눈에 이해하는데 아주 중요한 요소다.

문장을 단순명쾌하게 표현하는 방법은 여러 가지가 있지만, 여기에선 한 가지를 주로 다루겠다. 글을 감칠맛 나게 하는 간단한 방법이다. 핵심은 '명사+조사+동사' 구조를 '동사' 구조로 혹은 '부사+동사' 구조로 바꾸는 거다. (가끔은 '명사'를 강조해야 할 때가 있는데, 이럴 때는 '명사+조사+동사' 구조가 당연히 좋다.)

① '명사+조사+동사' → '동사'

* 인사를 하다 → 인사하다
* 감탄을 하다 → 감탄하다
* 소리를 치다 → 소리치다
* 식사를 하다 → 식사하다
* 수리를 하다 → 수리하다
* 감칠맛이 난다 → 감칠맛 난다
* 나는 너를 사랑을 한다 → 나는 너를 사랑한다
* 칭찬을 받을 자격이 충분하다 → 칭찬받을 자격이 충분하다
* 나한테 말을 건 상사인데 → 나한테 말한 상사인데
* 추격을 하는 중인데 → 추격하는 중인데
* 바로 화가 나서 소리를 쳤다 → 곧바로 화내며 소리쳤다

* 죄수는 쇠고랑에 줄질을 하고 → 죄수는 쇠고랑에 줄질하고
* 저들이 벌써 뺑소니를 쳤다면 → 저들이 벌써 뺑소니쳤다면
* 대장간에서 심부름을 하는 건 물론 → 대장간에서 심부름하는 건 물론
* 매형은 도망자를 향해 쨍그랑쨍그랑 망치질을 하는 것 같고 → 매형은 도망자를 향해 쨍그랑쨍그랑 망치질하는 것 같고

② '(형용사+)명사+조사+동사' → '부사+동사'

* 그런 대답을 했다 → 그렇게 대답했다
* 울음을 터트리다 → 엉엉 울다, 마구 울다
* 네가 나한테 그런 말을 했잖아 → 네가 나한테 그렇게 말했잖아
* 주인 행세를 하는 것 같았다 → 주인처럼 행세했다
* 그런 말을 하고 → 그렇게 말하고

찰스 디킨스가 쓴 '위대한 유산'을 보면 '한 명은 나무로 만든 덧창을 열고 또 한 명은 불을 지피고 또 한 명은 풀무질을 하고'란 문장이 나온다. 여기에서 '풀무질을 하고'만 있다면 '풀무질하고'로 바꾸는 게 좋지만, '덧창을 열고, 불을 지피고……'란 문장 형식과 동격을 이루며 어우러진다는 측면에서는 조사 '을'을 살려서 '풀무질을 하고'란 형식으로 동격 반복하는 게 좋다.

7) 시제에서 나타나는 번역어투

우리말은 시제에서 영어와 처절하게 싸우고 비참하게 패하니. 번역어투 및 오역도 여기에서 가장 많이 나온다. 우리말은 현재형으로 모든 시제를 표현하는 게 원칙이다. 그래도 사건이 일어난 순서를 파악하는 데 지장이 없다. "예전에 거시기 있잖아" 해도 대충 눈치로 때려잡는 게 우리말이다. 반면에 영어는 열두 개(?)나 되는 시제 형식으로 사건 순서를 표현한다. '예전에'와 같은 시간부사를 사용할 필요도 없다. 감성보다는 과학성이 발달한 사실을 알 수 있다. 그런데 일어는 영어에 영향을 받고 우리말은 영어와 일어에 영향을 받으면서 미래형과 과거형을 들여왔다. 그러면서 오염된 사례가 여기저기에 나타난다.

예를 들면, 미래를 나타내는 '(으)ㄹ 것이다'가 번역소설에서 두 배나 많이 나온다. 그런데 창작소설에서는 '~이겠다'로 표현을 많이 사용한다. '그럴 것이다' 같은 미래형을 '그러겠다'로 표현하는 식이다. 문제는 명사를 수식하는 형용사까지 미래형처럼 나타날 뿐 아니라 문장 중간에서 접속사 어미에 연결한 동사가 과거형처럼 나타난다는 사실이다. 하지만 우리말은 둘 다 현재형으로 표현하는 게 좋다. 사례를 보자.

* '헐떡거릴 동안' → '헐떡거리는 동안'
* '물어보았더니 ~을 알게 되었다.' → 물어보고서 ~을 알게 되었다.
* <u>집 앞 쪽은 거무스름했고</u> → 집 앞은 거무스름하고
* 흐릿한 안개로 꽉 <u>막혀 있었고</u> → 막히고 → 자욱하고
* 아는 듯이 보였고 → 보이고

* 발갛게 익지도 않았고 → 발갛게 익지도 않고 → 발갛게
  안 익고
* 보냈던 쪽지를 보고 → 보낸 쪽지를 보고
* 하늘은 새파랗고 새들도 <u>지저귀었다</u>. → 하늘은 파랗고
  새들도 <u>지저귄다</u>. → ~새들도 (지지배배) <u>노래한다</u>.

우리말은 분위기나 인물이나 상황을 묘사할 때 현재형을 사용하는
게 좋다는 사실을 알 수 있다. 사례를 보자.

①건포도들은 넘쳐났고 ②아몬드는 눈처럼 하얗고 ③계피
막대기는 길고 곧았고……

①, ②, ③번은 동격인데도 ①번과 ③번은 과거형을 쓰고 ②번은
현재형을 썼다. 동격이란 건 쓰임새가 같다는 의미다. 시제도 당연히
같아야 한다. 모두 현재형으로 쓰면 어떻게 되나 보자.

건포도들은 넘쳐나고 아몬드는 눈처럼 하얗고 계피 막대기
는 길게 곧고…….

그런데 건포도가 넘쳐난다고 했으니 복수형 표기는 중복이고, '길
게 곧고'란 표현도 애매하다. 이렇게 하면 어떨까?

건포도는 넘쳐나고 아몬드는 눈처럼 하얗고 계피 막대기는
기다랗게 뻗고…….

8) 주격조사 이/가 VS 보조사 은/는

번역소설에서 '은/는'이라는 보조사 역시 많이 나오는데, 이는 주격조사 '이/가'를 보조사 주제격 '은/는'과 혼동한 결과다. 주격조사 '이/가'와 보조 성격이 강한 주제격 '은/는'은 용법이 확실히 다른데도 구별하는 건 어렵다. 사례를 보자.

그 자신은 그런 일로는 아무렇지도 않았지만 이상하게도 그
런 그녀의 모습을 보는 그의 마음은 유쾌하지 못했다.

번역소설에 나오는 표현이다. 여러 문제가 있지만 '은/는'을 사용한 방식이 아주 혼란스럽다. 그렇다면 '이/가'와 '은/는'을 어떻게 구분해서 사용해야 할까? 우선, 각각의 용법을 살펴보자.

① 주격조사 '이/가'를 사용하는 경우
1) 새로운 정보가 나올 때: 내가 간다. 네가 온다. 사람이 산다. 사람이 죽는다.
2) 날씨 등 자연현상을 말할 때: 날씨가 좋다. 바람이 분다. 비가 내린다.
3) 이중주어에서 뒤에 있는 주어가 동사를 받을 때: 사자는 이빨이 날카롭다. 해리는 말솜씨가 좋다.
* 주격조사 '이/가'와 달리, 보조사 주제격 '은/는'은 동사에 제약 받지 않는다.

② 보조사 주제격 '은/는'을 사용하는 경우
1) 앞에서 나온 내용을 확인할 때: 이름이 뭐니? 나는 해리야. (앞에서 나온 내용에 제약받는다. 정관사 'the'와

비슷하다.)

　2) 서로 아는 내용을 말할 때: 그분은 지금 어떻게 사실까?

　3) 일반적인 사실을 말할 때: 지옥은 나쁘고 천당은 좋아.

　일반적으로 주격조사 '이/가'는 영어의 부정관사 'a'와 비슷하고
보조사 주제격 '은/는' 정관사 'the'와 비슷하다. 아래를 보면 더욱
확실하게 나타난다.

　There was a dog. The dog had a piece of meat in
　his mouth.
　개가 있었어. 개는 고기를 한 조각 물었어.
　→ 개가 있는데, 고기를 한 조각 물었더군.

　A fire broke out; but the cause was unknown.
　불이 났다. 하지만 원인은 모른다.

　There are two dolls. The one is for you and the
　other is for your sister.
　인형이 두 개다. 하나는 네 것이고 하나는 동생 것이다.
　(인형이 하나면 'two'는 'a'가 된다.)

9) 진행형 번역어투: ~고 있다

　'읽다, 쓰다, 웃다, 보다, 듣다, 먹다, 만나다' 등과 같은 '계속
동사'에 '~고 있다'를 붙여서 동작이 진행 중이라는 사실을 나타낸

사례도 번역소설에서 특히 많이 나온다. 계속 동사 자체가 진행을 나타내는데 영어 진행형을 굳이 갖다 붙였다. 우리말을 오염시키는 대표적인 다른 사례다. 구체적인 사례와 대안을 보자.

He is writing a novel.
잭이 소설을 쓰고 있다.
→ 잭이 소설을 쓴다.

His arm feels a little sore but he is laughing.
잭은 팔이 아프지만 웃고 있다.
→ 잭은 지금 팔이 콕콕 쑤시는데도 웃는다.

The orangutan in the picture is wearing a red T-shirt.
사진에 들어있는 오랑우탄은 빨간 티셔츠를 입고 있다.
→ 사진 속 오랑우탄은 빨간 티셔츠를 입었다.
* be wearing은 '입는' 동작도 나타내고, '입은' 상태도 나타낸다.
전자라면 '입는다', 후자라면 '입었다'고 해야 하는데, 사진 속 그
림이니 '입었다'가 옳다.

At last, he is arriving home.
마침내 잭이 집으로 오고 있다. → 마침내 잭이 집으로 온다.

'고꾸라지다, 죽다, 도착하다' 등의 순간 동사에 '아/어 있다'를 붙여서 동작의 결과가 여전히 남았다는 인상을 준 사례도 많다. 구체적인 사례와 대안을 보자.

The traditional media is dying out and it is quite natural.

전통 언론은 사라지고 있으며 이는 꽤 자연스럽게 진행되고 있다. → 전통 언론이 슬슬 사라지는데, 이는 아주 자연스러운 현상이다.

The fire is dying down, but it is still smoking.

불길이 사그라지고 있지만 여전히 연기가 나고 있어.

→ 불길은 사그라드는데 연기가 꾸준히 나와.

10) 초보적인 번역어투를 피하는 방법

첫째로 명사중심 번역어투 '의'를 피하라. 영어는 물질중심 언어라서 소유격이 발달했다. 하지만 우리말은 정신세계 중심이라서 소유격이 부자연스럽다. 사례를 보자.

The crisp leaves of ivy reflected back the light, as if…

담쟁이덩굴의 빳빳한 이파리들이

→ 담쟁이덩굴(에서) 이파리가 또렷하게 반짝이는 모습이

a condition for the ability to love.

사랑의 능력의 불가결의 조건

→ 사랑할 능력을 가늠하는 중요한 조건

proof of the intensity of their love.

그들의 사랑의 열도의 증거 / 두 사람의 사랑의 강도를 나타
내는 증거 → 두 사람이 열렬히 사랑한다는 증거

Her face is so beautiful.

그녀의 얼굴은 아주 아름답다. → 선미는 얼굴이 참 아름답다.
(우리말에는 이중주어가 있다. 영문 주어 Her face를 이중
주어로 표현해서 소유격 '의'를 자연스럽게 없앴다.)

둘째, 영어 명사구 어순 '수사＋명사'를 우리말 어순 '명사＋수량
사'로 바꾸자.

7명의 사형수 → 사형수 일곱 명
두세 권의 책 → 책 두세 권
여섯 마리의 소 → 소 여섯 마리
일곱 개의 셔츠 → 셔츠 일곱 장

셋째, 대명사에 내용을 찾아주어야 한다. 영어는 다양한 표현을
중시한다. 게다가 주어가 꼭 필요한데, 똑같은 주어를 계속 쓰자니
다양성이 깨지고 주어를 생략하자니 문장이 깨지고, 그래서 명사를
대신하는 대명사가 나왔다. 하지만 우리말은 대명사를 안 좋아한다.
1, 2인칭 대명사는 생략할 때가 많고 3인칭 대명사는 명사로 풀어준
다. 대명사를 그대로 번역할 경우에는 표현이 이상할 뿐 아니라 심하
면 오역으로 이어진다. 사례를 보자.

The hopes are dwindling but they are not yet dead.

가능성은 줄고 있지만 그래도 그들은 아직 생존해 있다.

‘희망은 줄어들지만 그래도 사람들은 살아있다’는 의미 같다. 하지만 대명사 ‘그들은’이 걸려서 원문을 보니, ‘they’는 ‘hopes’를 받는다. 대명사는 바로 앞에 있는 동격 명사를 받기 때문이다. 그렇다면 ‘그들은’ 사람이 아니라 ‘희망’이다. ‘희망은 줄어들어도 완전히 사라진 건 아니다’는 뜻이다. 대명사가 가르치는 대상을 무시하고 아무렇게나 번역해서 나타난 오역이다. 대명사를 구체적인 내용으로 바꾸는 습관을 들이면 피할 수 있다.

넷째, 명사중심 번역을 피하라. 영어는 명사중심, 우리말은 동사중심이다. 따라서 영문번역 과정은 명사중심 언어를 동사중심 언어로 바꾸는 과정이다. 명사중심으로 번역한 내용은 ‘한글이란 탈을 쓴 영어’에 불과하다. 찰스 디킨스가 쓴 ‘크리스마스 캐럴’을 보면 이런 표현이 나온다.

<u>고딕양식 창문 사이로 스크루지를 몰래 내려다보던 거칠고 낡은 종이 있는 오래된 성당 종탑도</u> 안 보일 만큼 말이야.

기다란 문장이 명사 ‘성당종탑’을 수식한다. 명사중심으로 번역한 대표적인 사례다. 당연히 눈에 안 들어온다. 이런 문장은 끝까지 읽고 처음부터 다시 읽어야 한다. 그래서 이해하면 그나마 다행이다. 원문은 아래와 같다.

The ancient tower of a church, whose gruff old bell was always peeping slily down at Scrooge out of a Gothic window in the wall, became invisible(…)

이것을 동사중심으로 바꾸면 이렇게 된다.

오래된 교회 첨탑에서는 낡고 묵직하게 생긴 종 하나가 고딕 창문 너머로 스크루지를 언제나 은밀하게 내려다보는데, 지금은 (짙은 안개에 가려서 하나도) 안 보인다.

영어는 '그래서 그렇고 그런 철수'라는 식으로 '철수'를 기다랗게 수식하는 명사 중심 문장구조다. 이런 문장을 '철수가 그래서 그렇고 그렇다'처럼 동사 중심 문장구조로 바꾸는 건 아주 중요하다. 사례를 더 보자.

> <u>수레와 마차의 무거운 바퀴가</u> 깊숙한 고랑을 만들어 놓았어.
> → 짐마차와 역마차가 묵직한 바퀴로 깊은 고랑을 팠거든.

> <u>나는 말로 표현할 길 없는 안도감, 안전하게 보호받고 있다</u>는 확신으로 진정했다.
> → 나는 뭐라고 말할 수 없을 정도로 마음이 놓였다. 안전하게 보호받는다는 느낌이 편안했다.

> 베시 유모가 <u>든 등불이</u> 눈이 녹아서 흠뻑 젖은 자갈길과 계단에 빛을 뿌렸다.
> → 베시 유모가 등불을 들자, 녹은 눈이 자갈길과 계단에서 반짝거렸다.

다섯째, 복수명사 관련 번역어투를 고쳐야 한다. 우리말은 원칙적으로 복수형을 안 쓰고 다른 식으로 처리할 때가 많다. 연설 서두에 흔히 말하는 "Ladies and Gentlemen!"을 우리는 "신사들과 숙녀들!"이라고 하는 대신 "신사 숙녀 여러분!"이라고 하는 식이다. 그런데도 복수형만 나오면 "~들"을 써서 어색할 때가 많다. 사례를 몇 개 보자.

Old rusted cars or piles of tires sat in the yards.
녹슨 자동차 또는 <u>타이어 더미들</u>이 <u>마당에</u> 쌓여 있었다.

국내 출간서적에 실린 번역 내용이다. 'piles of tires'를 '타이어 더미들'이라고 번역했다. 하지만 '더미' 자체에 복수 의미가 있어서 복수형 어미 '들'까지 들어가는 건 중복이다. '타이어 더미'로 충분하다. 그런데 'piles'라는 복수형에 담긴 뜻은 외면했다. '타이어 더미가 여러 곳에 있다'는 뜻이다. 그리고 'yards'란 복수형을 '마당'이란 단수형으로 번역하면서 뜻이 애매하게 변했다. 마당 한곳에 타이어 더미가 모두 쌓였다는 인상을 준다. 하지만 원문에서 말한 'piles'와 'yards'는 여러 마당에 타이어 더미가 쌓였다는 뜻이다. 따라서 '마당에'를 '마당마다'로 혹은 '여러 마당에'로 바꾸어야 한다. (실제로 주인공이 어떤 초라한 마을에 들어서다가, 눈앞에 쭉 늘어선 주택 풍경을 묘사한 장면이다.) 이렇게 되겠다.

<u>마당마다</u> 녹슨 자동차나 <u>타이어 더미</u>가 <u>쌓였다.</u>

아래는 위 문장에서 이어지는 내용이다.

Finally we stopped at a small house just like <u>all the others</u>.
마침내 우리는 <u>다른 모든 집들</u>과 <u>똑같이 생긴</u> 조그만 집 앞에 섰다.

'all the others'를 '다른 모든 집들'이란 복수형으로 표현했다. 하지만 '모든'이란 표현에 복수 의미가 있다. 복수 개념을 중복하면 문장이 어렵게 변한다. '들'이나 '모든' 가운데 하나를 빼서 간편하게 바꿔야 하는데, 형용사 '다른'을 붙여서 '집' 일반을 수식하므로 둘 다 빼는 게 더 좋겠다. 그리고 'just like'를 '똑같이 생긴'이라고 표현해, 집 모양새가 비슷하다는 인상을 주었다. 하지만 여기에서 'just like'는 어느 집이나 고물을 쌓아놓은 형편이 비슷하다는 의미다. 그렇다면 '형편이 비슷한' 정도가 좋다. 이런 식이다.

마침내 우리는 <u>여느 집이랑</u> 형편이 비슷한 조그만 집으로 다가갔다.

다른 문장을 더 보자.

Then <u>the four men</u> began to lift the <u>awkward</u> makeshift stretcher.
<u>네 명의 남자들</u>은 임시로 만든 들것을 들어올렸다.

'네 명의 남자들'이란 표현이 이상하다. '네 명' 자체가 복수다. 그런데도 명사에 복수접미사 '~들'을 붙였다. 게다가 소유격 '의'는 대표적인 번역어투다. '남자 네 명'이나 '남자 넷'으로 바꾸는 게 좋다.

그리고 원문에 있는 'awkward'는 번역 자체를 안 했다. 형용사 두 개로 명사를 수식하는 형상이다. 형용사가 여러 개 나오면 하나만 남겨두고 나머지는 부사로 번역하는 게 좋다.

남자 넷이 임시로 들것을 <u>어설프게</u> 만들어서 들어 올렸다.

조금 더 복잡한 사례를 보자.

The gut had disappeared under the foot of water flooding the yard, bringing with it the same floating <u>dump heap</u> we had seen swirling about the front yard.
수로는 마당에 넘친 물 때문에 <u>사라졌고</u>, <u>쓰레기들</u>만이 둥둥 떠다니고 있었다.

'쓰레기'는 셀 수 없는 명사다. 여기에 복수형 어미 '~들'을 붙이는 건 우리말 어법에 어긋나서 어색하다. '사라졌고'는 당연히 '사라지고'라는 현재형을 써야 한다. (영어는 시제일치 원칙 때문에 시제를 통일해야 하지만 우리말은 모두 현재형을 쓰고 동사 하나만 시제를 주어야 한다. 시제불일치 원칙이다.)

그런데 문장 자체가 복잡하다. 이런 문장은 끊어 읽기로 정복하는 게 좋다. 복잡한 문장을 단순하게 만들어서 파악하는 건 아주 중요하기 때문이다.

The gut had disappeared / under the foot of water / flooding the yard, / bringing with it the same floating dump heap / we had seen swirling / about the front yard.
수로가 오래전에 사라졌다(대과거) / 물속으로 / 마당에 물이 넘쳤다 / 둥둥 떠다니던 쓰레기 더미까지 물에 휩쓸렸다 / 쓰레기 더미가 앞마당에서 / 소용돌이쳤다(대과거).

이걸 모으면 아래 문장처럼 된다.

물은 넘치고, 쓰레기 더미는 앞마당에 둥둥 떠다니며 소용
돌이치다가 마당으로 쏠리고, 수로는 일찌감치 잠겼다.

다른 문장을 보자.

But not when it's getting to be a problem for <u>the
whole community</u>.
하지만 그게 <u>온 마을 사람들</u>에게 해를 끼친다면 얘기는 달라
진단다.

'온 마을 사람들'에서 '온' 자체에 복수 의미가 있다. 그런데도
'~들'을 붙이는 건 중복이다. 바꾸면 이렇다.

그런데 <u>마을 사람</u> 모두에게 해가 된다면 얘기는 달라지겠지.

다음 문장을 보자.

<u>Many citizens</u> of Century Village were <u>widows</u>, who
had once been great family cooks.
센추리 빌리지에 사는 사람 중 <u>많은 수가</u> 전에 대가족의 요
리사를 했던 <u>과부들</u>이었다.

'많은 수가…… 과부들'이란 표현을 썼다. 하지만 '많은'이란 표현
에 복수 의미가 있으니 '과부들'은 '과부'로 고쳐야 한다. '대가족의

요리사를 했던 과부들'이란 표현은 마치 요리사 출신이라는 말 같다. 하지만 great는 cooks를 수식한다. 명사중심 영어를 동사중심 한글로 표현하면서 나온 오역이다. 이렇게 바꿔야 한다.

> 센추리 빌리지에는 과부가 많은데, 예전에는 모두 요리솜씨가 탁월한 가정주부였다.
> → 센추리 빌리지에는 과부가 많은데, 예전에는 누구나 가족과 함께 살며 탁월한 요리 솜씨를 발휘했다.

하나를 더 보자.

> The horses were taken out, and the passengers alighted to dine.
> 마부는 말고삐를 풀고, 승객들은 요기하러 내렸다.

마부가 사용하는 고삐는 당연히 말고삐다. 그리고 '승객들' 역시 '승객'이란 단수 일반형을 사용하면 충분하다. '승객들'이란 복수형을 '줄줄이'라는 부사로 바꿔보았다.

> 마부는 말마다 고삐를 풀고 승객은 줄줄이 내려서 식당으로 갔다.

11) 간결한 문장으로 표현하라

군더더기 표현이나 중복표현은 독자를 짜증 나게 한다. 같은 내용을 쓸데없이 어렵게 만들기 때문이다. 원저자가 의도한 바를 살리면서 독자가 쉽게 이해하도록 단순명쾌하게 표현하는 건 아주 중요하다. 별다른 의미가 없는 표현을 피하라는 뜻이다.

첫째로, '것'은 '~ㄴ 것이다', '~ㄹ 것이다' 형식으로 많이 쓰인다. 이런 표현은 창작소설보다 번역소설에 두 배나 많다. '~하다', '~한다'는 형식으로 고쳐야 한다.

때린 것이다 → 때렸다
만든 것이다 → 만들다
그러한 것이다 → 그러하다
일치하는 것이다 → 일치한다
아닌 것이다 → 아니다
마땅할 것이다 → 마땅하다
알 수 없지만 → 모르겠지만
추측할 수 있다 → 추측한다
설명될 수 있다 → 설명한다
걱정할 수도 있을 것이다 → 걱정할지 모른다

둘째로, '~뿐이 없다'고 말하는 사람이 많다. 하지만 '돈이 이것뿐이다', '나는 네가 하는 말을 들을 뿐이다'에 담긴 의미처럼 '~뿐'에는 없다는 의미가 있다. '~뿐이 없다'는 당연히 중복표현이다.

연탄이 세 장뿐이 없다.
→ 연탄이 세 장뿐이다/연탄 세 장이 전부다/연탄이 세 장밖
에 없다.

돈이 만원뿐이 안 남았다.

→ 돈이 만원뿐이다/남은 돈은 달랑 만원이다/만원이 전부다.

셋째로, '바라겠습니다/기대하고 싶다/바라고 싶다'는 표현에도 문제가 많다. I want/I wish/I hope 등에서 자주 나온다. 하지만 바란다는 자체가 희망과 기대를 뜻하는데 '~겠~'은 미래와 희망과 의지를 나타내는 형태소다. 기대한다는 말도 희망을 뜻하는데, '싶다' 역시 희망을 뜻하니 중복이다. '바란다/기대한다'는 말로 간편하게 써야 한다.

커다란 박수를 바라겠습니다.

→ 커다란 박수를 바랍니다.

좋은 결과를 바라겠습니다.

→ 좋은 결과를 바랍니다.

나는 네가 잘 하길 기대하고 싶어.

→ 나는 네가 잘할 거로 생각해.

내가 너한테 바라고 싶은 건 공부 좀 열심히 하라는 거야.

→ 내가 너한테 바라는 건 공부 좀 열심히 하라는 거야.

넷째, '~하고 있다'는 표현이 참 많다. 우리글을 혼탁하게 만드는 대표적인 사례다. 영어는 명사 중심이라서 동사를 진행형으로 표시해야 동작이 들어가지만, 우리말은 동사 중심이라서 동사 자체에서 동작이 들어간다. 그래서 현재형으로 진행형을 표시한다. '철수가 옷을 입는다'가 좋은 사례다. 따라서 진행형 번역어투를 다음같이 고치는 게 좋다.

〈'be ~ing'으로 나타나는 현재진행형〉

설치해 있는 → 설치한

자원이 한정되어 있다 → 한정된다/무한한 건 아니다

곡식이 도처에서 자라고 있다 → 자란다

비가 끊임없이 쏟아지고 있다 → 쏟아진다/내린다

한 해가 저물어가고 있고 → 저물고

우리 선수단이 입장하고 있습니다 → 입장합니다

요구하고 있고 → 요구하고

부르고 있는 → 부르는

말하고 있다 → 말한다

의미하고 있다 → 의미한다

설교하고 있다 → 설교한다/가르친다

일치하고 있다 → 일치한다

〈과거진행형〉

모르고 있었다 → 몰랐다

보이고 있었다 → 보였다

높은 가능성을 누리고 있었다 → 가능성이 컸다

얻고 있었다 → 얻었다

고안하고 있었던 것이다 → 고안한 것이다/고안했다

〈현재완료형 – 과거형으로 번역한다〉

검토해 왔다 → 검토했다/살펴보았다

~라고 말해 왔으나 → ~라고 말했으나

논의해 왔다 → 논의했다

114

〈현재 및 과거완료형 − 경험을 강조할 때는 '∼ㄴ 적이 있−',
일반적인 상황에서는 과거형으로 번역한다〉
참석한 적이 있었다 → 참석했다
앓아 본 적이 있는 사람은 → 앓은 사람은
해 본 적이 있는가? → 했는가?

12) 영어는 '시제일치 원칙', 우리말은 '시제불일치 원칙'

영어는 '시제일치 원칙' 때문에 주절과 종속절에서 동사 시제를
모두 일치시켜야 하는데 우리말은 주절 하나만 시제를 표시하는 게
좋다. 영어에 '시제일치 원칙'이 있다면 우리말에는 '시제불일치 원
칙'이 있는 셈이다. 영어 시제는 문법 요소가 강하다면 우리말 시제는
의미요소로 받아들이는 측면이 강하다. 과거에 일어난 일인지 현재
에 일어난 일인지 구별만 하면 시제 형식에 구애를 안 받는다. 이미
과거라는 인식이 있다면 과거시제를 안 써야 한다. 과거시제는 한
번만 잡아주고 나머지는 현재형으로 표현한다. 사례를 보자.

발갛게 상기된 얼굴은 매력이 넘쳤고, 눈은 반짝 빛났으며,
숨을 쉴 때마다 입김이 뿜어져 나왔다.
→ 빨갛게 달아오른 얼굴은 매력이 넘치고 눈은 반짝반짝
빛나며 숨을 쉴 때는 입김이 뽀얗게 흘러나왔다.

동사가 형용사처럼 명사를 수식할 때가 있다. 이럴 때는 과거형이
훨씬 어색하게 보인다. 현재형으로 표현해야 한다.

받았던 적이 있는 사람한테 → 받은 사람한테

나는 아까 말했던 시설을 이미 지원하고 있소.

→ 아까 말한 시설을 나는 예전부터 지원하오.

미래형을 이렇게 표현하는 방법도 있다.

~을 줄 것이다 → ~을 주겠지

있을 것이다 → 있으리라

있을 것인가? → 있을까?

할 것이다 → 한다

우리는 단도직입적인 표현을 좋아한다. 애매한 표현이 나오면 구체적으로 바꾸는 게 좋다. 최대한 단순명쾌하게 글을 쓰라는 거다.

13) 중복표현을 피하라

중복표현 역시 고쳐야 한다. '또한'이나 '또는'은 'or'를 설명하려고 억지로 만든 표현이다. 이런 표현은 안 쓸수록 좋다.

~이며, 그리고 → 이며

일어났고 그리고 → 일어나서

우리들과 또한 → 우리와/우리하고

생활이나 혹은 → 생활이나

아니지만 그러나 → 아니지만

하지만 그러나 → 하지만

싶겠지만 그러나 → 싶겠지만

'왜냐하면……때문이다' → '왜냐하면'을 생략

'만약에……라면' → '만약에'를 생략

'비록……라도' → '비록'을 생략

…이고 또한 → 이며

그리고 또한 → 또한

무시하거나 또는 → 무시하거나

녹색이나 또는 → 녹색이나

우리말은 동사 중심이다. 그런데 글에 자신이 없을 때는 이중동사(?)를 사용해서 문장을 복잡하게 만든다. 문장을 복잡하게 구성해서 잘난 척하는 풍조마저 있을 정도다. 하지만 글은 단순명쾌해서 상대가 쉽고 편하게 볼 수 있어야 한다. 불필요한 이중동사를 자제해야 하는 이유다. 사례를 보자.

걸어 들어왔는데 → 걸어오는데
낳고나서는 → 낳고서는
없어져 버릴 뻔 → 없어질 뻔
돌봐야 해서 → 돌보느라
돌아와보니 → 돌아오니
살펴봤는데 → 살피는데
이해해주고 → 이해하고

현재형과 과거형

풍경이나 사람을 묘사할 때는 현재형을 사용한다. 변화가 없기 때문이다. 과거형을 사용하면 과거엔 그랬는데 지금은 아니란 뜻이다.

우리 엄마는 좋은 분이셨어. (하지만 지금은 안 좋다.)
→ 우리 엄마는 좋은 분이셔.

지금까지 KBS 아나운서 ○○○이었다.
(하지만 지금부터는 KBS 아나운서가 아니다.)
→ 지금까지 KBS 아나운서 ○○○가 전해드렸다.

우리에게 가장 적합한 말은 우리말이다

7032768

위 숫자를 쭉 훑어보면서 암기하고 눈을 감은 채 복기하라. 대부분 암기한다는 사실을 알 수 있다. 하지만 영어권에서는 어떤 현상이 일어날까? 아래를 보면 쉽게 짐작할 수 있다.

7032768
칠영삼이칠육팔
sevenothreetwosevensixeight

이런 차이는 숫자가 높을수록 심하게 나타난다.

16, 21, 127
sixteen, twenty-one, one hundred twenty-seven

이걸 어떻게 한눈에 훑어보고 암기하겠는가? 이것 역시 우리말이 우수하단 사실을 나타내는 좋은 사례다. 한국의 어린 학생이 세계적인 수학경시대회를 제패하는 이유도 바로 여기에 있다. 영어권 어느 나라도 이런 우리말 특징을 따라올 수 없다.

7장 영어는 명사를 좋아하고
우리말은 동사를 좋아한다.

앞에서 우리말과 영어에 나타나는 특징과 차이 그리고 대표적인 번역어투와 해법을 살폈다. 우리말과 영어는 '동사중심이냐 명사중심이냐'에서 거의 모든 차이가 나온다. 영어 동사 'sigh'는 우리말로 '한숨을 쉬다'는 식으로 '명사＋조사＋동사'로 바꿔야 자연스럽다. 하지만 'sigh'는 '한숨'도 된다. 영어 명사는 대부분 동사에서 시작했다는 사실을 보여주는 좋은 사례다. '걷다'에서 '걷기', '산책', 급기야 '산책로'까지 나오는 식이다. 하지만 모두가 'walk'다. 그런데도 'take a walk'란 표현을 굳이 만들어서 명사 성질을 강조하는 게 고급영어다. 그래서 명사 성질이 그대로 묻어나온 한글 번역은 번역어투의 표본이 될 수밖에 없다.

지금까지 우리는 영문법을 배우면서 영어를 품사별로 번역하도록 익혔다. 하지만 그것은 번역이 아니라 문장 파악, 즉, 독해라고 보는 게 정확하다. 우리말이 지닌 특징을 외면하고 영문 자체를 이해하는 수준에 만족했기 때문이다. 하지만 번역은 외국어를 우리말 특징에 맞도록 바꾸는 작업이다. 그렇다면 품사에 맞춰서 일대일 대응어를 찾아가며 번역하는 습관을 버려야 한다. 영어는 가능하면 명사로 표현하는 반면에 우리말은 가능하면 동사로 표현하니 말이다. 따라서 명사 분위기를 동사 분위기로 최대한 바꿀 때 비로소 우리말에 가까운 번역이 나온다. 우리말 특징에 맞도록 품사를 바꾸며 번역하는 습관이 중요한 이유다. 구체적인 사례와 방법을 보자.

1) '명사'를 '동사'로 바꾸자

We were greeted with **hugs and kisses.**
(껴안고 입 맞추다)
우리는 껴안고 입 맞추는 환영을 받았다.
→ 사람들이 우리를 반기며 껴안고 뽀뽀했다.

Such advice as he was given has proved almost worthless.(그렇게 충고하다)
그가 받은 그런 충고는 거의 가치가 없는 것으로 밝혀졌다.
→ 잭한테 그렇게 충고하는 건 아무런 소용도 없다는 사실이 드러났다.

They are fearful of **the possibility of another retaliation.**(또 보복을 당할 수 있다)
그들은 보복의 가능성 때문에 불만을 표시하는 것에 두려움을 느끼고 있다.
→ 사람들은 또다시 보복을 당할 수 있다며 두려워한다.

This can cause **sudden changes.**
(갑자기 다양한 변화가 일어나다)
이것 때문에 갑자기 다양한 변화가 일어날 수도 있다.

Good morning!
안녕하세요!

We **had a visit** from the police last night. (찾아오다)
간밤에 경찰이 찾아왔다.

Without taking her eyes from Harry's face, Susan
shook her gesture of **disbelief.**
스잔은 해리 얼굴을 <u>가만히 쳐다보며</u> <u>믿을 수 없다</u>는 표정으
로 머리를 흔들었다.

2) '형용사＋명사'는 '명사＋동사'로 바꾸자

He is a **religious fanatic.** (종교에 완전히 미치다)
잭은 종교적인 광신도이다. → 잭은 종교에 완전히 미쳤다.

He turned into an **evil character.** (성격이 나쁘다)
해리는 성격이 나쁘게 변했어.

It is a very **expensive place.** (돈이 많이 들다)
여기는 돈이 아주 많이 들어.

We are having a **sunny day** with **beautiful skies** and
no clouds.(해가 맑다, 하늘이 아름답다, 구름이 없다)
오늘은 해가 쨍쨍해서 하늘이 구름 한 점 없이 아름답다.

Is this **a social visit,** or is it a business?
(친지를 만나러 오다)
친지를 만나러 온 건가요, 볼일을 보러 온 건가요?

He did such a **good work** that he deserves a slap
on the back.(일을 잘하다)
잭은 일을 잘하니, 칭찬받을 자격이 충분하다.

3) '소유격＋명사'

일반적으로 'A's B / B of A'라는 형식을 띠는데, 영어에서 많이
나오는 표현이니, 사례별로 익혀두어야 한다.
첫 번째로, 'A of B / B's A'에서 A와 B가 동격일 경우 →
'B라는 A'.

a road of a new decade
십 년이라는 새로운 길 / 십 년이라는 새로운 여정

Han's fair river
한이라는 아름다운 강 (동격 처리)
아름다운 한강 (fair를 앞으로 뺐다)

두 번째로, 소유격에 따르는 명사 B를 구체적으로 표현한다. 그렇다면 Love of money를 어떻게 번역하면 좋을까? '돈의 사랑'은 아니다. '돈에 대한 욕심'이나 '돈 욕심'이나 '돈을 좋아한다' 정도가 좋겠다.

Love of money is <u>the root of all evil</u>.
금전욕은 모든 악의 근원이다. → 돈 욕심에서 <u>나쁜 게 모두 나온다</u>. → 돈을 욕심내면 나쁜 일이 생긴다.

Love of money is common to all.
돈을 좋아하는 건 누구나 똑같다.

Noh′s voters는 어떻게 번역해야 할까? '노무현의 투표자들'은 당연히 이상하다. '노무현 지지자'라고 하거나 '노무현에게 표를 던진 유권자'라고 해야 한다. 우리말은 일반적인 표현보다 '지지자'나 '표를 던진 유권자'라는 구체적인 표현을 좋아한다.

세 번째로, 'B of A'에서 명사 A를 형용사로 표현한다.

* a man of indecision: 우유부단한 인간
* a man of evil: 사악한 인간
* a woman of courage: 용감한 여인
* the love of power: 권력에 대한 욕망, 권력욕
* a man of science: 과학자
* a man of straw: 밀짚 인형, 가공인물, 재산이 없는 사람
* He's **a man of few words**: 잭은 말이 거의 없는 사람이다. 잭은 과묵한 사람이야.

* Patriotism is **a feeling of pride and devotion** that people have for their country: 애국심이란 사람들이 조국을 위해 자랑스럽게 헌신하는 마음이다.

네 번째로, 소유격은 주어나 목적어로, 명사는 동사로 바꾼다. 'A가 B를 한다'는 형식이다.

Juliet kept **her hold** on Romeo.
→ Juliet **hold** Romeo tightly.
줄리엣은 로미오를 꼭 잡았다.

His grip on the side of the boat were still firm.
→ **He gripped** the side of the boat still firmly.
해리의 뱃전에 매달리기는 여전히 단단했다.
→ 해리는 뱃전에 여전히 단단히 매달렸다.
(삼인칭 대명사는 당사자 이름으로 바꾸는 게 좋다.)

I asked **his focus** only on Jack.
→ **He focused** only on Jack.
나는 잭한테만 관심을 집중하라고 해리에게 부탁했다.

He is intent on **his task.**
잭은 일하느라 여념이 없다.

His focus here is not revenge. (해리가 초점을 맞추다)
여기에서 해리가 초점을 맞춘 건 복수가 아니다.

A few minutes' walk from here will take you to St Paul's Cathedral.
여기에서 몇 분만 걸으면 성 바울 성당이 나온다.

Birds were **her especial love.** (젤다가 특히 좋아한다)
젤다는 새를 특히 좋아했다.

다섯 번째로, 대명사 소유격을 주어로 쓸 때는 'A's B'를 'A가 한 B'로 바꾼다.

His work belongs to a different sphere from mine.
(그 사람이 하는 일)
잭이 하는 일은 내가 하는 일하고 차원이 다르다.
→ 잭이 하는 일은 나하고 차원이 다르다.

I don't know how to explain **his behavior**!!!
(그 사람이 한 행동)
나는 해리가 한 행동을 설명할 방법이 없어!!!
→ 나는 해리가 왜 그랬는지 도저히 모르겠어!!!

His father monitors **his activity.** (해리가 하는 활동)
해리 아버지는 해리가 하는 활동을 감시한다.
→ 해리는 아버지가 활동을 점검한다.

I pretty much loved **my senior year** in high school.
나는 고등학교 삼 학년 때가 정말로 좋아.
→ 고등학교 삼 학년 시절이 정말 그리워.

Any man can make mistakes, but only an idiot persists in **his error.**
사람은 누구나 실수한다. 그런데 멍청한 사람은 자신이 저지른 실수를 반복한다.

But how far can **your paper airplane** fly?
근데 여러분이 만든 종이비행기는 얼마나 멀리 날아가나요?

He realized this was **his creation** and he was the murderer.(자신이 저지른 일)
해리는 자신이 그랬다는 사실을, 자신이 살인자란 사실을 깨달았다.

여섯 번째로, 동명사에서 의미상 주어를 주어로 삼고 동명사는 동사로 처리한다.

It is against her human rights to stop **her wearing** what she likes.(선미가 옷을 입다)
선미가 좋아하는 옷을 못 입게 하는 건 인권침해다.

She resented **his making** all the decisions.
(해리가 결정하다)
샐리는 해리가 모든 결정을 내리는 게 싫었다.

I don't feel comfortable about **his having given me** a very expensive gift.
해리가 너무 비싼 선물을 주어서 (나는) 마음이 불편하다.

With the coming of modern technology, many jobs were lost.
현대 과학 기술이 등장하면서 일자리가 많이 사라졌다.

We were all sad at **her going.** (샐리가 떠나다)
샐리가 떠나서 우리 모두 슬펐다.

He doesn't like **my going** there. (내가 가다)
잭은 내가 거기에 가는 걸 안 좋아해.

일곱 번째로, 'of+명사'를 주격이나 목적격으로 삼는 경우가 있다.

Violation of the right of others was the last thing.
다른 사람의 권리를 침해하는 건 절대로 안 된다.

He lived in **the alleys of his neighborhood.**
잭은 주택이 쭉 늘어선 골목에서 살았어.

The clientele of the court is largely drawn from the slums and alleys of East London.
재판정에 자주 등장하는 사람은 주로 런던 동부 빈민굴이나 뒷골목 출신이다.
→ 재판정에 서는 사람은 주로 런던 동부 빈민굴이나 뒷골목 출신이다.

The end of the year is drawing near.
연말이 다가온다.

The end of the stream of consciousness doesn't mean
the end of life.
의식이 멈췄다고 생명이 끝난 건 아니다.

여덟 번째로, 명사/대명사 소유격을 주격으로 삼는 경우가 있다.

His red face and trembling lips showed that he was
keeping his temper.
얼굴이 달아오르고 입술까지 떠는 걸 보면 해리가 꾹 참는
게 분명하다.

Her appearance betrayed her character.
샐리는 차림새에서 성격이 그대로 드러났다.

His being sick excused his absence from work.
해리는 아파서 결근했다고 변명했다.

Their dancing was a work of art.
그들은 춤 솜씨가 예술이었어.

They edged their way forward in the hail of bullets.
그들은 총알이 빗발치는 가운데 앞으로 조금씩 나아갔다.

Her followers appear to be uncontrollably emotional.
샐리를 따르는 사람들은 감정을 못 추스르는 것 같아.

아홉 번째로, 'of+명사'를 목적격으로 쓰는 경우: B of A → A를 B하다.

They built **a pyramid of oranges and apples.**
사람들이 오렌지와 사과로 피라미드를 쌓았어.

I am well aware **of my want of ability.**
나는 능력이 부족하단 사실을 뼈저리게 느꼈습니다.

The quarrel of lovers is **the renewal of love.**
연인들이 다투는 건 사랑을 새롭게 발전시키는 것이다.
→ 연인은 다투면서 사랑을 키워나간다.

She called up **her last reserves of strength.**
샐리는 젖 먹던 힘까지 끌어모았다.

열 번째, 소유격을 주격으로, 명사를 부사로 바꿀 때.

Their <u>instinct</u> is to keep video games out of their son's hands.
<u>사람들은</u> 비디오 게임을 아이들 손이 안 닿는 곳에다 <u>본능적</u> <u>으로</u> 치웠다.

His defiance toward the boss cost him his job.
잭은 사장에게 무례하게 굴어서 직장을 잃었다.

Her behavior underlined her contempt for him.
젤다는 해리에 대한 경멸감을 행동으로 또렷이 나타냈다.

I can hardly grasp **his meaning.**
나는 해리가 무슨 말을 하는지 도무지 모르겠다.

4) 영어 전치사를 우리말로 번역하기

　영어는 전치사가 발달했다면 우리말은 어미와 조사라는 후치사가
발달했다. 여기에서 우리말 후치사는 영어 전치사에 상응하는 개념
이 아니다. 전치사에 담긴 뜻을 그대로 번역하면 어색할 수밖에 없는
이유다.
　영어는 과학적인 언어다. 모든 걸 구체적으로 표현하는데, 이런
사례는 전치사에서도 잘 드러난다. 책을 책상에 놓은 게 아니라 책상
위쪽 표면에 놓는다(on the desk). 하지만 우리말은 내용을 중시하
는 감성적인 언어다. 책이 책상에 있다고 하면 당연히 책상 위쪽
표면에 놓였다고 본다. 그런데도 굳이 '책상 위에 있다'고 하는 건
책상에 있는 게 아니라 그 위 공중에 있다는 의미로 'above the
desk'에 해당한다. 마찬가지로, 엄마 역시 방 안에 있는 게 아니라
방에 계시는 거다.

　The book is on the desk. 책은 책상에 있다.
　She is in the room. 엄마는 방에 계세요.

　이걸 굳이 '책상 위', '방 안'이라고 하는 건 과학성을 살리는 대신

감성을 죽이는 결과로 나타나며, 그만큼 딱딱한 번역어투가 된다.

우리말에서 동사로 표현하는 상황을 영어는 전치사를 동반한 명사구로 표현할 때가 많다. 이럴 때는 전치사가 있는 명사구를 동사로 번역하는 게 좋다. 사례를 보자.

① '전치사＋명사' → 명사＋동사로 바꾼다.

If he gave up **without a try,** he felt he´d be letting her down.(시도조차 않다)
시도조차 않고 포기한다면 샐리가 실망할 거라고 해리는 느꼈다.

Their power increased **with their numbers.**
(인원이 늘어나다)
그들은 인원이 늘어나면서 세력도 커졌다.

I was very tired last night and I fell asleep **without taking a shower.**(샤워를 않다)
어젯밤에 너무나 피곤해서 샤워조차 않고 곯아떨어졌다.

They advised her **against marrying quickly.**
(against; 하지 마라)
사람들은 샐리한테 급하게 결혼하지 말라고 충고했다.

A man was beaten **into a state of unconsciousness.**
(into; 빠지다)
어떤 사내가 얻어맞아서 의식불명 상태에 빠졌다.

I can't persuade him **out of those ideas.** (out of: 버려라)
나는 잭한테 그런 생각을 버리라고 설득할 수 없다.

They talked me **into joining in.** (into: 하게 되다)
사람들이 설득하는 바람에 나도 참여하게 되었다.

It's too early **for supper.** (for: 먹다)
저녁을 먹기에는 너무 이르다.

The children watched **in wide-eyed amazement.**
(in: 뜨다)
아이들이 깜짝 놀라서 눈을 동그랗게 뜨고 바라보았다.

Everything unfortunately amounts to very little,
despite the secretary's politeness.
(despite: 했으나, amount to~: ~과 마찬가지다)
비서가 정성을 다했으나, 안타깝게도 제대로 된 일은 거의
없다.

The house is hidden **from sight behind trees.**
나무에 가려서 집이 안 보인다.

Everything turned gold **at a touch.**
손만 대면 무엇이든 금으로 변했다.

At the sight of my old professor, I froze. (at: 순간에)
노교수님을 보는 순간에 나는 그대로 얼어붙었다.

② '명사＋전치사구' → '전치사구'는 주어로 '명사'는 동사
　　로 바꾼다.

My faith is a belief in the equality of men and women.
나는 남성과 여성이 동등하다고 확신한다.

Marriage is death to a love affair.
결혼은 연애의 무덤이다. → 결혼하면 연애는 끝이다.

This has been the end of a long hard day.
길고 힘든 하루가 이것으로 끝났다.
(the end of a long hard day → a long hard day ended)

5) 또 나오는 '형용사＋명사'

'형용사＋명사'는 영어에서 가장 많이 나오는 형식이다. ('형용사
＋형용사＋형용사＋명사＋관계절'도 자주 나오는데, 그대로 번역하
면 기다란 명사구문이 나오면서 표현이 이상하게 엉킨다. 이 부분은
관계대명사에서 자세히 다루겠다.) 번역 방법도 많을 수밖에 없다.
각각의 사례를 보자.

① '부사＋동사'로 바꾸기
　명사를 동사로 바꾸는 게 핵심이다. 그러면 명사를 수식하던 형용
사는 동사를 수식하는 부사로 자연스럽게 변한다.

He had **a good cry.** (cry; 울다)
해리가 실컷 울었다.

Jack has **a different interpretation.** (해석하다)
잭은 다르게 해석한다. / 잭은 해석이 다르다.

Careful selection and **strategic marketing** have gained
them loyal customers over time.
신중하게 선택해서 전략적으로 홍보하니까 시간이 흐르면
서 단골손님이 늘었다.

She answered embarrassing questions with **an**
evasive laugh.
곤란한 질문이 나오자 샐리는 애매하게 웃으면서 얼버무렸다.

I had **an unexpected visit** from an old friend.
옛 친구가 아무런 연락도 없이 찾아왔다.
→ 옛 친구가 갑자기 찾아왔다.

I mumbled a weak "Excuse me" to the beaming youth.
나는 환하게 웃는 청년에게 "실례합니다"라고 가느다랗게
중얼거렸다.

He tried to wink, a bad try, and I broke down and
laughed.
상대는 윙크하려다 실수하고 나는 배꼽을 잡으며 웃었다.

She gave his tie **a straightening touch.** (만지다)
샐리는 남자 넥타이를 바로 잡아주었다.

He cast a **furtive glance** at her. (바라보다)
해리는 샐리를 슬그머니 바라보았다.

② '명사+명사'나 '명사라는 명사'로 바꾸기

It has no bearing on **monetary policy.**
그건 <u>통화 정책</u>이랑 아무런 관계도 없다.

Iran says its nuclear program is meant solely for
peaceful goals.
이란은 핵을 개발하는 이유는 오로지 <u>평화라는 목적</u>을 달성
하기 위해서라고 주장한다.

But there is also **a disturbing regional tension.**
하지만 <u>지역갈등이라는 장애요소</u>도 있다.

③ '명사+부사+동사'로 바꾸기
명사는 작은 주어나 목적어, 형용사는 작은 부사+동사로 표현하
는 방법이다.

He promised Jack **a free meal** in his restaurant.
(음식을 공짜로 주다)
해리는 자기 식당에서 잭한테 <u>음식을 공짜로 주겠</u>다고 약속
했다.

He gave her a few **free afternoons** a week.
해리는 부인한테 일주일에 몇 번은 <u>오후 시간을 한가로이</u>
보내도록 한다.

Congress rejected **any proposed adjustments.**
의회는 <u>조정안이 새로 나올 때마다</u> 모두 거부했다.

I don't accept **any late papers.**
난 <u>과제물을 늦게 제출하면</u> 안 받아.

④ '부정 수량 형용사+명사' → '명사+동사'나 '명사+부사'
  이런 형용사로는 'no', 'any', 'many', 'few', 'little', 'some',
'a lot of', 'lots of' 등이 있다. 뒤에 나오는 명사를 주어(가끔은
목적어)로 바꾸고 형용사를 동사로 돌리면 번역이 매끄러울 때가
많다.

〈no A → A는(이/가) 없다〉

no money 돈이 없다.
no lights 불빛이 없다.
no friends 친구가 없다.
no use 소용이 없다.

Sadly, however, there was no cure for the rare
condition.
하지만 안타깝게도 그런 희소병에는 치료법이 없었다.

There is **no great difference** between this and that.
이것이나 저것이나 커다란 차이가 없다.

There is **no question** about his sincerity.
잭이 진심이라는 사실은 의심할 여지가 없다.

No energy means no music, no movies, and no fun!
전기가 없으면 음악도 없고 영화도 없고 놀이도 없다!

But I have no appetite and I have no energy.
하지만 입맛도 없고 기운도 없어.

Of course there is no excuse for violence.
폭력은 당연히 용서할 수 없다.

Well, I'm sure that there is no one like MB.
으흠, MB 같은 사람은 없는 게 분명해.

Just remember that no one on Earth can replace you.
너를 대신할 사람은 지구상에 없다는 사실만 명심해.

No kind of entertainment will be allowed for the
next few days.
앞으로 며칠 동안 어떤 오락도 할 수 없다.

⟨not any A → A가 하나도 없다⟩

not any interest 관심이 하나도 없다

not any food 음식이 하나도 없다

not having any knowledge 아는 게 하나도 없다

not have any fat 지방질이 하나도 없다

not have any more questions 질문이 더는 없다

not any great commercial music.
위대한 광고음악은 하나도 없다.

not have any big name celebrities.
유명인사가 하나도 없다.

I mean, it's a great movie and all, but it's not any fun.
위대한 영화라는 사실은 인정하지만, 재미는 하나도 없다.

I've **not had any male attention** for a month now.
한 달 동안 나한테 관심을 보인 남성이 한 명도 없다.

So far he **has not had any trouble.**
지금까지는 잭한테 문제가 하나도 없다.

We humans **don't have any right** to use animals for testing.
우리 인간은 동물을 실험용으로 사용할 권리가 하나도 없다.

Don't leave out **any important information.**
중요한 정보는 하나도 빠뜨리지 마라.

She **didn't get any candy** on White Day.
저 애는 화이트데이 때 사탕을 하나도 못 받았어.

Can you imagine a world **without any electricity?**
전기가 하나도 없는 세상을 상상할 수 있나요?

This method is special because it does **not require any energy at all.**
이 방법이 특별한 건 에너지가 하나도 안 들기 때문이다.

⟨any A → A가 있다⟩

many holidays 휴일이 많다
many chores 자질구레한 일이 많다
much evidence 증거가 많다
much water 물이 많다
few civil rights 시민권이 거의 없다
few international contests 국제대회가 거의 없다
little time 시간이 거의 없다
little hope 희망이 거의 없다
a few do's and don'ts 지켜야 할 규칙이 조금 있다
a few people 사람이 조금 있다
a little time 시간이 조금 있다

If there is **any grumpiness** it's likely to be between Joe and me.
언짢은 감정이 있다면 나와 조 사이가 그럴 거야.

140

Trevi promised me she would answer **any question.**
트레비는 내가 궁금한 게 있으면 무엇이든 해명하겠다고 약
속했어.

Do you **have any regrets** about not pursuing your
music career?
음악 일을 그만둔 것에 대해서 조금이라도 후회하시나요?

He will **swallow any story** she tells.
그 사람은 부인이 하는 말이면 무엇이든 곧이듣겠지.

She has **many ardent admirers** for her beauty.
저 여인은 아름다워서 열렬히 흠모하는 남자가 많아.

Pretty as the flower is, it has **many thorns.**
꽃은 예쁘지만 가시가 많지.

I've also tried **many new things** and learned a lot.
나 또한 새로운 일을 다양하게 시도해서 많은 내용을 배웠다.

I have so **much work** to do.
할 일이 정말 많아.

If young students intake too **much caffeine,** it can
cause **many health problems.**
어린 학생이 카페인을 너무 많이 섭취하면 건강에 다양한
문제가 생길 수 있다.

many/few/a few+A
much/little/a little+A
→ A는(이/가) 많다/거의 없다/조금 있다

There is **much racial discrimination** in the world.
세상에는 인종차별이 많다.

Many are called but **few** are chosen.
초대받은 사람은 많으나 선택받은 사람은 적다.

However, **very few snakes** are poisonous.
그런데 독을 지닌 뱀은 아주 조금이다.

He is a man of **few words,** calm by nature.
그분은 천성적으로 말이 없는, 조용한 사람이다.

What a pity it's proved to be of so **little benefit** to you.
당신한테 이익이 거의 없는 걸로 나와서 안타깝군요.

This afternoon will be partly cloudy with **little chance** of rain.
오후부터 구름이 끼는 지역도 있겠지만 비가 올 가능성은 거의 없다.

He's a wet behind the ears attorney **with little actual court experience.**
그 사람은 재판에 참여한 경험이 거의 없는 풋내기 변호사다.

Most books can be delivered within two weeks; **a few books** take a month to be delivered.
책은 대체로 이 주일이면 도착하는데 가끔은 한 달이 걸리는 책도 있다.

Not many women are involved in this sport, although there are **a few names.**
이런 스포츠에 참여하는 여성은 적지만 유명한 사람이 몇 명 있다.

However, there are **a few things** to remember when visiting the country.
그런데 그 나라를 방문할 때 명심할 내용이 몇 가지 있다.

Well, there is **a little problem** though.
으음, 그런데 문제가 조금 생겼어.

We can fix the vase with **a little glue and some patience.**
접착제 조금하고 인내심이 많으면 꽃병을 다시 붙일 수 있어.

Shouldn't parents provide **a much encouragement** with just **a little discipline?**
부모들이 야단치는 걸 줄이고 격려하는 걸 늘리면 안 될까?

〈some A → A도 있다〉

some colors 색상도 있다.

Some hunters are still working illegally.
아직도 불법을 저지르는 사냥꾼이 있다.

some students 학생도 있다.

As a way to satisfy their customers' tastes, **some ski resorts** open even at night.
고객의 다양한 취향을 만족시키기 위해서 야간에 개장하는 스키장도 있다.

Maybe we should spend **some time** pulling weeds this weekend.
이번 주말에 시간을 내서 잡초를 뽑아야 하겠다.

〈a lot of/lots of A → A가 많다〉

a lot of grand people 저명인사가 많다
a lot of fun 재미가 많다
lots of wooden barrels and boards 나무통과 판자가 많다
lots of niche markets 틈새시장이 많다

He made **a lot of money** thanks to his many inventions.
해리는 발명품이 많아서 돈을 많이 벌었다.

Above all things, it changed **a lot of my thinking**.
무엇보다도 나는 그로 인해 생각을 많이 바꾸었다.

There are **a lot of people** in the world who need welfare.
세상에는 복지가 필요한 사람이 많다.

There are **a lot of good-looking chicks** at the ski resort.
스키장에는 예쁜 아가씨가 많군요.

Lots of money doesn't always make us happy.
돈이 많다고 항상 행복한 건 아니다.

The winters are very cold with **lots of snow.**
겨울에는 눈이 많이 내려서 몹시 추워요.

6) '명사' → '형용사'

rights to **happiness** 행복할 권리
times of **sadness** 슬픈 시간
expression of **kindness or love** 친절하거나 다정한 표현
rights to the **pursuit** 추구할 권리

They tried to find the cause of **the sudden change** in color.
사람들은 색깔이 갑자기 변한 원인을 알아내려고 했다.

There is much hope for **success.**
성공할 가능성이 커요.

Love is drifting on a sea of **happiness.**
사랑하는 건 행복한 바다에 둥둥 떠다니는 것이다.

He lay back with a feeling of **pleasure.**
잭은 기쁜 마음으로 다시 누웠다.

7) '명사 and 명사' → 형용사+명사

bravery and sacrifices 용감한 희생

Her **beauty and intelligence** have captivated many men.
샐리는 지적인 미모로 많은 남성을 사로잡았다.

At the age of 46, she has enjoyed a lot of **glamour and fame.**
46세라는 나이에 샐리는 화려한 명성을 많이도 누렸다.

Flowers, for example, symbolize Paul's **personality and life.**
예를 들면, 꽃은 폴이 살아온 독특한 삶을 상징한다.

The science and evidence is clear and irrefutable.
과학적인 증거가 또렷해서 반박할 여지가 없다.

8) 'have', 'give', 'get' 등의 영향을 받아 '명사'가 부사로 변한다.

I'm bound to get it **my way.**
(나는) 내 방식대로 하겠다.

I got the tab this time; you get it **the next.**
내가 이번에 계산할 테니까 너는 다음에 사.

Jack reached for a red horn button and gave it
several short blasts.
잭은 빨간 경음기 단추에 손을 대고 짧게 여러 번 눌렀다.

Have it **your own way!** 마음대로 해.

특징에 맞게 번역하기

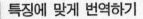

The courage, devotion and faith bring us success in our
unremitting search for peace, security and freedom.
용기와 헌신과 믿음은 평화와 안전과 자유에 대한 우리의 끊임없는 조사에
성공을 가져다준다.

출판물에 나온 번역 사례 가운데 하나다. 이런 번역이 나오면
독자는 한글을 해석하며 읽어야 한다. 영어를 우리말에 적합한 특징
으로 걸러내지 않고 그대로 담았기 때문이다. 원문에 담긴 특징을
살피고 우리말 특징에 맞게 바꾸는 방법을 알아보자.

① A, B, and C이라는 영어 특유의 문장 형식이 두 번이나 나왔다.
우리말은 A와 B 형식을 좋아한다. 그렇다면 'The courage,
devotion and faith'를 직역한 '용기와 헌신과 신념'을 '헌신적인
용기와 믿음'으로 바꾸는 게 좋다. 그리고 'peace, security and
freedom' 역시 '평화로운 번영과 자유'가 좋다.
② 무생물주어를 목적어로 바꾸고 사람을 주어로 삼아야 한다. 그러면
'bring us success'를 '우리는 성공한다'로 바꿔야 한다.
③ 'unremitting search'라는 '형용사+명사'를 '부사+동사'로 바꾸
면 '끊임없이 갈망하다'가 된다.

1, 2, 3을 합쳐서 말을 만들면 이렇게 나온다. '우리는 평화로운
번영과 자유를 끊임없이 갈망하는데, 그것은 헌신적인 용기와 믿음
을 통해서 가능하다.'

형용사를 동사로 바꾸면 좋을 때가 많다

An injured, maimed or dead child is a price that none of us wants to pay.

다치고 불구가 되고 죽은 아이는 우리 누구도 지급하고 싶지 않은 대가다.

찰스 디킨스의 '크리스마스 캐럴'에 나오는 표현이다. 번역이 한 눈에 안 들어온다. '다치고 불구가 되고 죽은 아이'라는 명사구문 때문이다. 형용사 injured, maimed, dead를 동사로 바꾸면 매끈한 문장을 만들 수 있다.

* 아이들이 다치거나 불구가 되거나 죽는 건 누구도 원치 않는 대가다.
* 아이들이 다치거나 불구가 되거나 죽어간다. 누구도 원치 않는 대가다.

8장 영어에 나오는 무생물주어도 우리말답게 번역하자

　지금까지 우리는 명사를 동사로 바꾸는 등, 품사를 다양하게 바꾸는 사례를 살폈다. 이번에는 명사를 강조하는 영어의 독특한 용법을 살피도록 하자. 그런 다음에 우리말 어법에 맞도록 바꾸는 방법을 익히자. 영문법대로 번역하는 방식을 싹 잊고 우리말 특징에 맞도록 번역하는 방식을 익히는 건 아주 중요하다. (영역하는 원리는 역으로 정리하면 된다. 각각의 사고방식과 특징과 차이를 이해하는 건 콩글리시를 벗어나는 지름길이다.) 하나씩 검토해서 바람직한 우리말로 바꾸는 방법을 익히면 좋겠다. 영작은 영어 원리에 맞도록 해야 의미가 있듯이 번역은 한글 원리에 맞도록 해야 의미가 있으니 말이다.

　영어는 행위주체인 사람과 동물은 물론이고 행위객체인 무생물이나 추상적인 내용까지 주어로 사용한다. 필요하면 주어를 가짜로 만들기도 한다. 가주어 'it'다. 그래서 '사람이 어떤 행동을 했다'를 '어떤 행동이 사람에 의해 행해졌다'로 표현하는 형식을 즐긴다. 그래야 고급영어가 된다. 영어에서 수동태가 발달한 이유도 바로 여기에 있다.

그런데 이런 고급영어를 그대로 번역하면 고급한글이 된다고 착각하는 사람이 많다. 하지만 우리말에서는 스스로 움직일 수 있는 행위주체만 주어로 등장하고 결과는 동사로 표현한다. 따라서 바람직한 우리말로 번역하려면 무생물주어를 보어나 동사로 돌리고 사람이나 동물을 주어로 번역해야 한다. 사례를 보자.

법칙 1. 무생물주어＋동사＋목적어
목적어를 주어로 삼고 무생물주어를 부사로 바꾼다.

1) The pain made him cry out.
설명) 무생물: the pain, 사람: him, 동사: cry out
번역) (그는) 아파서 울부짖었다.
* 삼인칭 주어는 고유명사로 바꾸거나 생략하는 게 좋다.

2) The sultry air made us tired.
설명) 무생물: the sultry air, 사람: us, 동사: made tired
번역) (우리는) 무더운 바람에 지쳤다.

3) It seemed a familiar scene. Then <u>the realization</u> hit her.
설명) 무생물: realization, 사람: her, 동사: hit
번역) 낯익은 광경 같았다. 그러다가 <u>갑자기 깨달았다</u>.

4) <u>Failure</u> drove him to despair.

설명) 무생물: Failure, 사람: him, 동사: drove to despair

번역) 그는 실패해서 좌절했다.

→ 어린 사람이 실패하더니, 좌절하고 말았군.

5) What brought you here so late?

설명) 무생물: What, 사람: you, 동사: brought here so late.

번역) 너는 무엇 때문에 이렇게 늦었니?

* 영어와 달리 우리말은 주어가 다양하지 않다. 그래서 당연한 주어는 생략하는 경우가 많다. 그러면 이렇게 바뀐다. "(네가) 이렇게 늦은 이유는 뭐니?"

6) Did <u>the noise</u> frighten you?

번역) (너는) 소리 때문에 놀랐니?

* 5번과 6번 사례를 통해서 우리는 무생물주어 의문문을 '무생물주어 때문에'란 부사로 바꾸면 좋다는 사실을 알 수 있다.

7) The house itself was making Zelda better.

설명) 무생물: the house itself, 사람: Zelda, 동사: was making better

번역) 젤다는 집에서 지내는 자체로 몸이 좋아졌다.

8) It made David happy to see them like that.

설명) 가주어 It 대신 진주어 to 이하를 부사구로 만든다.

번역) 두 분이 그런 모습을 보고 데이비드는 참 행복했다.

9) This unexpected discovery amused him.

번역) 해리는 이걸 우연히 발견하고 흐뭇했다.

법칙 2. 무생물주어+동사+목적어+보어:

목적어를 주어로 삼고 무생물주어를 부사로 바꾼다.

원리는 법칙1과 똑같다. 동사구가 연속해서 나오는 게 특징이다. 우리가 제일 어려워하는 무생물주어 문장형식이라서 사례를 많이 들었다.

1) The very thought of it burnt him like fire.

설명) 무생물: The very thought of it, 사람: him, 동사: burnt like fire

번역) 그는 그 생각만 해도 불처럼 타올랐다.

→ (그 사람은) (그걸) 생각만 해도 불처럼 화났다.

2) The incident caused me to reflect on my past life.

설명) 무생물: The incident, 사람: me, 동사: caused

(나는) 그 일을 겪고 나서 지난 삶을 돌아보기 시작했어.

3) A greater voice in politics will empower workers.

번역) 정치적으로 더욱 커다란 목소리가 노동자한테 힘을 줄 것이다. → 노동자는 정치적으로 목소리를 키워서 힘을 모아야 한다.

4) <u>Illness</u> is forcing him to slow down.

번역) 병이 그로 하여금 속도를 늦추도록 강요하고 있다.

→ 해리는 <u>몸이 아파서</u> 속도를 늦출 수밖에 없어.

5) <u>A very strict rule</u> forbids anyone to enter.

번역) 아주 엄격한 규칙이 아무도 못 들어오게 한다.

→ <u>규칙이 매우 엄격해서</u> 아무도 못 들어갑니다.

6) <u>Advances in information and communication networks</u> have allowed him to make this move.

번역) 정보통신망의 발달은 그가 이렇게 하는 걸 가능하게 했다. → 해리가 이렇게 할 수 있는 건 <u>정보통신망이 발달했기 때문이다.</u>

7) He sounded as though <u>this unexpected discovery,</u> the pretty girl alone in her high heels at the edge of the woods, amused him.

설명) 복문과 중문이 얽혀서 복잡하다. 이럴 때는 문장을 쪼개서 내용을 정확히 파악한 다음에 번역하는 게 중요하다. 여기에서 핵심문장은 'this unexpected discovery amused him - 1번'이고, 'the pretty girl alone in her high heels at the edge of the woods - 2번'은 1번의 내용이다. 나머지 표현 'He sounded as though~'는 3번이다. (원서를 읽을 때 연필로 빗금(/)을 그어 문장을 조그맣게 쪼개면서 읽는 습관을 들이면 좋다.)

1번을 '법칙1'에 따라 번역하면 '해리는 재미있는 광경을 우연히 발견했다'가 된다. 2번은 '숲 언저리에서 예쁜 소녀 혼자만 굽이 높은 구두를 신었다.' 3번은 '해리는 ~하는 어투였다.' 각각의 내용을 모으면 아래처럼 나온다.

번역) 해리는 숲 언저리에서 혼자만 굽이 높은 구두를 신은 예쁜 소녀를 <u>우연히 발견하고</u> 아주 재미있다는 어투로 말했다.

법칙 3. 무생물주어+동사+목적어+that 절:

목적어를 주어로 삼고 무생물주어를 부사로 바꾸며 that 절을 종속절로 삼는다.

1) The fact tells us that ~

그 사실이 우리에게 that 이하를 알려준다.

→ 우리는 그 사실을 통해서 that 이하를 깨닫는다.

2) The studies showed us that ~

다양한 연구는 우리에게 that 이하를 보여 주었다.

→ 우리는 다양한 연구를 통해서 that 이하를 파악했다.

3) <u>The studies showed that</u> human beings have a lot of things in common with animals.

우리는 <u>다양한 연구를 통해서</u> 인간이 동물과 공통점이 많다는 <u>사실을 파악했다</u>.

법칙 4. 날씨 등 자연현상에 대해서는 우리말도 무생물주어를 자연스럽게 사용한다. 스스로 움직일 힘이 있다고 보기 때문이다.

1) The arctic winds cut you to the bone in the winter.
겨울에는 북극 바람이 뼛속까지 파고든다.

2) Freezing weather gripped the country.
영하의 날씨가 전국을 사로잡았다.
→ 전국이 영하의 날씨에 머물렀다.

3) A powerful cold air pushed down temperatures below freezing.
강력한 냉기가 기온을 영하로 떨어뜨렸다.

4) A cold wave swept the country.
한파가 전국을 휩쓸었다.

법칙 5. 인간 행위를 암시하는 기계와 기관은 주어로 사용한다.

At dusk a helicopter spotted survivors but could not get past the surrounding treetops to help them.
땅거미가 질 무렵 <u>헬리콥터가</u> 조난자를 찾았지만 높은 나무가 에워싸서 다가갈 수 없었다.

The city refused to open the dam.

<u>시 당국이</u> 수문을 안 열겠다고 버텼다.

The job paid $5.

보수는 5달러다.

Fear gave way to determination.

마음을 다져 먹자 <u>두려움이</u> 사라졌다.

법칙 6. 주어＋동사＋목적어＋목적보어

이 형식이 나오면 위 원칙에 근거해서 차례대로 번역하라.

This medicine will make you feel better.

이 약을 먹으면 기분이 좋을 거예요.

This road will take you to the station.

이 길을 따라가면 역전이 나온다.

The test gave me a headache.

시험 때문에 머리가 지근거렸다.

The final desperate plea left the officer unmoved.

마지막으로 애원했지만 경찰관은 꿈쩍도 안 했다.

A dark suit will not show the dirt.

까만 옷을 입으면 얼룩이 안 보일 거예요.

〈기타 예시〉

Her dream sounded happy to me.

설명) 소유격 무생물주어는 소유격을 주어로 무생물주어를
동사로 삼는다.

번역) 언니가 꿈 이야기를 하는데, 참 행복해 보였다.

That surprised me.

정말 놀랍군요.

The damage to his esophagus from two years of
vomiting made eating painful. (esophagus: 식도)

이 년이나 토하다 보니 식도가 상해서 음식을 삼키는 게 고
통스럽다.

9장 수동태는 능동태로 번역하자

영어에서 발달한 무생물주어는 필연적으로 수동태를 수반한다. '어떤 행동이 ~에 의해 행해졌다'는 표현형식이다. 그래서 '~에 의해'는 대표적인 번역어투가 된다. 하지만 우리말은 자기 힘으로 움직이는 행위주체 즉, 사람과 동물만 주어로 등장하며 (일부 예외는 위에서 자세히 다뤘다) 따라서 능동문을 좋아한다. 영어 수동태를 그대로 번역하면 어색하니, 당연히 능동태로 바꿔야 한다.

법칙 1. 'by+행동주'는 '행동주+주격조사'로 (by행주) 'be동사+p.p'는 능동형 서술어로 (be능서) 바꾼다.

1) The destruction of machinery <u>was preceded by</u> the Industrial Revolution.
산업혁명이 <u>일어나면서</u> 기계파괴 운동도 <u>일어났다</u>.

2) The road <u>was flanked by</u> tall trees.

설명) 'by tall trees'를 '행동주+주격조사'로 바꾸면 '커다란 가로수가', 'was flanked'를 능동형 서술어로 바꾸면 '쭉 늘어섰다'

번역) 길가에 커다란 가로수가 <u>쭉 늘어섰다</u>.

3) We voted first, and <u>were followed by</u> the French and the Russian.

설명) 'by the French and the Russian'은 '프랑스와 러시아 사람이' 'were followed'는 '그 뒤를 이었다'

번역) 우리가 먼저 투표하고 프랑스와 러시아 사람이 <u>뒤를 이었다</u>.

4) They were later <u>joined by</u> his two sisters.

그 사람 여동생 두 명이 나중에 <u>합류했다</u>.

5) A single arrow <u>is shot</u> in turn <u>by</u> each archer.

궁사 각자가 번갈아서 화살을 한 발씩 <u>쏜다</u>.

법칙 2. 'by'를 '~으로'로 바꾼다.

1) Each question <u>can be answered by one</u> of three choices.

각각의 문제에 대해서 세 항목 가운데 <u>하나로 답하시오</u>.

160

2) For example, a telephone call <u>could be answered by a computer</u>.

가령 전화가 걸려오면 <u>컴퓨터로 대답하는 식이다</u>.

법칙 3. 수동표현은 능동표현으로 바꾼다.

1) She never spoke except when she <u>was spoken to</u>.

샐리는 <u>누가 먼저 말을 안 거는 한</u> 절대로 입을 안 열었다.

2) I can't stand to <u>be stared at</u>.

사람들이 <u>쳐다보는 시선을</u> 참을 수가 없다.

3) I <u>was sent to</u> meet my new tutor.

새로 오신 선생님을 뵈라고 해서 <u>왔다</u>.

4) She's <u>been awarded a scholarship</u> to study at Oxford.

샐린은 옥스퍼드 대학에서 공부하도록 <u>장학금을 받았다</u>.

5) Sometimes we're <u>looked at</u> like something out of a zoo.

때때로 사람들은 우리를 동물원에서 나온 동물처럼 <u>쳐다본다</u>.

6) The mayor <u>was written</u> a letter.

시장이 편지를 <u>받았다</u>.

7) Her help <u>are well appreciated</u>.
젤다가 도와줘서 (우리는) <u>정말 고맙다</u>.
젤다는 정말 많은 도움이 되었다.

8) Her imagination left something <u>to be desired</u>.
젤다는 상상력이 약간 <u>부족해</u>.

10장 피동문을 피하자

우리말에서는 수동태를 피동문이라고 한다. '피동'은 자기 힘이
아니라 다른 힘으로 움직인다는 뜻이다. 그러다 보면 다른 주체가
어떤 행위를 했으니 자신은 책임이 없다는 의미로 나아간다. 따라서
피동형은 책임소재를 애매하게 할 때 주로 사용하는 표현이다. '불법
이 이루어진다. 하지만 내 책임은 아니다'는 식이다. 그냥 불법이
이루어질 뿐, 불법을 저지른 사람은 안 보인다. 하지만 능동형에서는
책임 소재가 정확히 드러난다.

우리말은 원칙적으로 피동문을 피하고 능동문을 사용한다. 그런데
도 국어사전에서 '만들어지다'를 찾으면 '되어지거나 변하게 되다'는
뜻이라고 설명한다. 그리고 '이루어지다'는 '뜻한 대로 되다'라고 설
명한다. 한 나라 언어를 공식적으로 정리한 국어사전에서 정체불명인
언어를 아무렇지 않게 그것도 피동문으로 설명한 모습이 가관이다.
피동문은 무생물주어 구문과 수동형 문장에서 주로 나오는데, 번역할
때 능동문으로 고치는 게 관건이다. 아래 사례대로 하면 된다.

대표적인 피동문 1. 이루어지다/만들어지다

1) Comets are made of ice and dust.
혜성들은 얼음과 먼지로 이루어진다.
→ 혜성은 얼음과 먼지로 구성된다.
→ 혜성을 구성하는 물질은 얼음과 먼지다.
→ 얼음과 먼지가 모여서 혜성을 이룬다.

2) That cabin is made of knotty pine.
저 오두막의 소재는 마디가 많은 소나무로 이루어진다.
→ 저 오두막은 옹이가 많은 소나무로 만들었다.
* 원문은 현재형이지만 우리는 완료형으로 표현해야 한다.

3) A community is composed of individuals.
사회는 개인의 집합체로 이루어진다.
→ 사회를 구성하는 건 다양한 개인이다.
→ 다양한 개인이 모여서 사회를 이룬다.

4) These turtles are made of pure gold.
이 거북이들은 순금으로 만들어져 있다.
→ 이런 거북이는 순금으로 만들었다.
→ 여기에 있는 거북이는 모두 순금으로 만든 거다.

5) These water skis are made of wood.
이 수상 스키는 나무로 만들어진 거야.
→ 이 수상스키는 나무로 만든 거야.

6) 뜻이 이루어졌다. → 뜻을 이루었다.

7) 불법이 공공연하게 이루어진다(by 철수).

→ 철수가 불법을 공공연하게 저지른다.

* 무생물주어는 피동문으로 나타난다는 사실이 6번과 7번에서 또렷이 드러난다. '뜻'과 '불법'이라는 무생물주어를 목적어로 바꾸어서 모두 해결했다.

대표적인 피동문 2. 주어지다/주어진/주어지지 않는/맡겨진

'주다'는 상대개념이 '받다'다. 그런데 '받다' 대신 '주어지다'는 정체불명의 언어가 상대개념으로 잡히며 우리 생활에 깊숙이 파고들었다. 그런데도 국어사전에서는 '주어지다'를 '제시되거나 갖추어지다'라는 뜻으로 아무렇지 않게 설명한다. 표제어도 그렇고 설명도 그렇고 모두 피동문인데 말이다. 능동문 중심 언어를 가장 체계적으로 정리해야 할 국어사전이 이렇게 피동문을 좋아하는 모습을 보면 우리말이 오염된 정도를 실감할 수 있다. '주어지다'는 표현은 'be given'을 번역할 때 많이 나온다. 이렇게 고치는 게 좋다.

1) How many minutes warning have the visitors been given?

방문객들에게 몇 분 전에 통보가 주어졌는가?

→ 방문객에게 몇 분 전에 통보하는가?

2) He fulfills the roles given to him.

그는 자기에게 맡겨진 역할을 한다.

→ 잭은 자신이 맡은 역할을 다 한다.

→ 잭은 자신이 할 일을 다 한다.

3) 우승자에게 상장과 부상이 주어집니다.
→ 우승자에게 상장과 부상을 수여합니다.

4) 저 선수에게 퇴장이 주어지는군요.
→ 저 선수를 퇴장시키는군요.

5) 대통령 선거에 관건이 개입해서 자유롭고 공정한 기회가
주어지지 않았다. → 기회를 안 주었다. → 기회를 박탈했다.

대표적인 피동문 3. 요구되다/요구되는

다행이다. 국어사전에서 '요구되다'를 검색하니, '요구'라는 명사
이외에는 아무런 설명을 않는다. 아직은 희망이 있다는 느낌까지
든다. '요구'는 '하다'를 붙여서 '요구하다'는 동사가 된다. 이걸 '~
하다류 동사'라고 한다. '요구하다'는 동사에 상대하는 표현은 '요구
되다'가 아니라 '요구받다'다. 그런데 'be required of' 때문에 이런
표현이 나왔다. 이렇게 고치는 게 좋다.

1) I'll do all that is required of me.
나한테 요구되는 것은 모두 하겠다.
→ 나는 요구받는 내용을 다 하겠다.
→ 내가 할 일은 알아서 다 하겠다.

2) Which of the following is required of participants?
다음 중 참가자에게 요구되는 것은?
→ 참가자에게 필요한 건 다음에서 무엇인가?
다음에서 참가자가 해야 할 것은?

3) 무한 경쟁이 요구되는 사회에서
→ 무한 경쟁을 요구하는 사회에서

4) 금번의 파업사태를 통해 종합적인 대책이 요구된다는
사실을 깨달았다.
→ 이번에 파업을 겪으면서 종합대책이 필요하다는 사실을
깨달았다.

5) 지도자의 가장 요구되는 덕목은 정직이다.
→ 지도자에게 가장 필요한 덕목은 정직이다.
→ 지도자에겐 정직한 자세가 절실히 필요하다.

피동문을 자연스럽게 사용할 때가 있다. 우리 조상은 스스로 움직
일 힘이 있다고 보일 때는 피동문을 사용했다. 사례를 보자.

① 자연적인 현상
* 해를 입다.
* 얼음이 되다.
* 폭풍우에 조난을 당하다. → 폭풍우에 조난하다. ('조난
  자체가 해를 당한다는 뜻이니, '조난하다'가 옳다.)
* 문이 바람에 닫히다.
* 날씨가 많이 풀리다.
* 온 산이 눈으로 덮였다.

② 자신의 의지를 넘어설 때
* 폭행당하다.

* 고문당하다.

* 매를 맞다.

* 죄의식에 쫓긴다.

* 일이 손에 안 잡힌다.

* 밥이 많이 먹힌다.

* 목이 많이 잠긴다.

③ 행위주체를 일부러 숨길 때

It has been determined that everybody must work
this weekend.

이번 주말에는 모든 직원이 출근해서 일해야 한다는 결정이
이루어졌다.

(위에서 사례로 제시한 '이루어지는/요구되는/주어지는'
등이 모두 여기에 해당한다.)

사장이 직원에게 "주말에 모두 출근하라"고 발표하는 내용이다.
하지만 문장에 담긴 내용은 자신이 그런 결정을 내린 게 아니다.
피동형으로 말하며 행위주체를 숨기고 '결정'이라는 무생물주어가
그냥 나왔을 뿐이다. 그래서 자신은 그냥 통보한다는 어투다. 자신에
게 쏠릴 비난을 피하고 이익만 챙기는 전형적인 수법이다. 이런 경우
는 친구가 실수한 걸 숨길 때도 마찬가지다.

Jack made mistakes. → Mistakes were made.
잭이 실수했다. → 실수가 있었다.

따라서 진실을 추구하는 세력은 능동형을 주로 사용하고 진실을

회피하는 게 유리한 세력은 피동형을 즐겨 사용하는 것도 재미있는 사실이다.

'국정원 대통령선거 위반 사건에 대한 판결'을 보면 이런 현실이 잘 나타난다. 피동형 증언이 난무한 결과, 원세훈 국정원장은 '선거법 위반을 지시하지 않아 무죄'고 국정원 직원은 '윗선 지시사항을 따랐을 뿐'이라서 무죄다. 선거법 위반 행위는 수만 건이나 구체적으로 존재하고 증거도 확실하지만, 그냥 그런 게 있었을 뿐 구체적인 범법자는 하나도 없다.

이건 언어가 계급성을 띨 수밖에 없는 구체적인 증거다. 그렇다면 우리는 누구를 위해 번역하겠는가? 진실을 추구하는 편에서 번역하겠는가, 아니면 진실을 감추려는 편에서 번역하겠는가? 전자라면 당연히 능동형 중심으로 우리말을 최대한 단순명쾌하게 구사해야 한다.

부사가 능동문과 피동문을 구분하기도……

부사가 능동문과 피동문을 구분하는 사례도 있다. '저절로' 와 같이 의지가 없는 부사는 피동문에 쓰이고 '열심히', '부지런히', '강제로' 처럼 의지가 강하게 드러나는 부사는 능동문에 쓰인다. 동사 중심 언어에서 동사를 수식하는 부사가 막강한 힘을 발휘하는 사례다. 아래를 보자.

아픈 이가 저절로 뽑혔다. (피동)
창수가 실을 부지런히 감았다. (능동)

11장 관계대명사 번역

우리말에 없는 관계대명사를 우리말답게 번역하기

관계대명사 용법은 영어에서 두 문장을 합쳐 주어를 하나 생략하는 방식으로 표현의 다양성을 살리는 방법이다. 앞에서 이중, 삼중 형용사로 명사를 수식한 것으로 모자라, 문장이 끝날 즈음에 명사 뒤에다 명사/명사구/명사절을 추가해서 관계절이나 분사형태로 수식하거나 동격 명사구나 명사절을 덧붙이는 형식이다. 하지만 동사로 문장이 끝나는 우리말은 그럴 수 없다. 각각의 특징을 이해할 때 비로소 우리말답게 번역할 수 있는 부분이다. 그럼 영어에서 나타나는 관계절부터 살피도록 하자.

Take a look at this beautiful new dress of mine that I bought at a department store yesterday with my friend.

어제 친구와 함께 백화점에서 산 나의 이 예쁜 새 옷을 한
번 보세요.

번역출판물에서 나온 표현이다. 'dress' 앞에서 수식하는 형용사
가 'this', 'beautiful', 'new' 세 개에다가 'of mine'이라는 이중소
유격, 그리고 뒤에서 that 이하 관계절이 수식한다. 그래서 직역한
문장이 아주 어색하다. 영어와 우리말 수식구조에서 나타난 차이다.
아래 문장과 비교하면 문제점이 적나라하게 드러난다.

고귀한 아름다운 따님이 찾아오셨다.
(관형형 어미 '한'과 '운'이 겹쳐서 어색하다.)

고귀하고 아름다운 따님이 찾아오셨다.
('~한'을 접속사 '고'로 바꿔서 자연스럽다.)

접속사 '고'를 사용해 형용사를 부사로 바꾸면서 병렬구조로 만들
어 자연스럽게 연결한 형식이다. 우리말이 지닌 특징이다. 이런 특징
에 걸맞게 위 문장을 바꾸면 어떻게 될까?

어제 친구와 함께 백화점에 가서 예쁜 옷을 새로 샀으니까
한 번 보세요.

'this'는 (너무 당연하니까) 생략, 'new'는 부사로 바꿔서 동사
앞으로 보내고 관계대명사는 '접속사+선행사'로 풀면서 관계절을
병렬구조로 바꾸고 '가서'란 동작을 첨가했다. 이렇게 보니까 '새로'
가 중복이다. 따라서 '새로'도 생략. 그럼 이렇게 되겠다. 영어가

지닌 특징을 우리말 특징에 맞도록 걸러낸 사례다.

어제 친구와 (함께) 백화점에 가서 예쁜 옷을 샀으니까 한 번 보세요.

1) 관계절은 문장 관계절, 명사적 관계절, 관형적 관계절로 나뉜다.

① They are fond of snakes and lizards, **which** surprises me.
그 사람들이 뱀이랑 도마뱀을 좋아한다는 사실에 나는 깜짝 놀랐다. ('surprises'란 현재형을 '놀랐다'는 형식으로 표현한 데 주목하라.)

② **What** surprises me is that they are fond of snakes and lizards.
내가 놀란 건 그 사람들이 뱀이랑 도마뱀을 좋아한다는 사실 이다.

③ Snakes which are poisonous should be avoided.
독이 있는 뱀은 피해야 한다.

④ Rattlesnakes, which are poisonous, should be avoided.
방울뱀은 치명적이니 피해야 한다.

1번 문장처럼 'which'가 앞 문장 전체를 수식하는 걸 문장 관계절이라고 한다. 2번 문장은 'what'에 선행사까지 들어있는 명사적 관계절이다. 두 유형은 우리말로 쉽게 번역할 수 있다. 문제는 3번과 4번 문장이다. 관형적 관계절 제한적 용법과 계속적 용법인데, 강조점이 달라서 뉘앙스도 다르다.

그렇다면 제한적 용법과 계속적 용법이 뭐가 다른지 자세히 살펴보자. 제한적 용법은 선행사를 바로 수식하는 반면, 계속적 용법은 선행사를 부연 설명하는 특징이 있다.

The book that Jack read is very interesting.
잭이 읽는 책은 아주 재미있다.
(제한적 용법, 선행사 'book'을 수식)
＊ 관계절 어미 '은'을 사용해서 주어로 표현했다.

The book, which Jack read, is very interesting.
잭이 책을 읽는데, (그 책은) 아주 재미있다.
(계속적 용법, 선행사 'book'을 설명)
＊ '~는데'라는 접속사를 사용해서 차례대로 표현했다.

각각의 용법은 소설에서 읽는 재미를 살리는 중요한 역할을 한다. 소설에 나타난 구체적인 내용과 수강생이 번역한 사례를 보자. (여러분도 본문을 번역해서 수강생이 번역한 사례와 비교한다면 좋은 공부가 되겠다.)

2) 제한적 용법 번역사례 및 해결 방법

① An hour later, dressed in <u>a new set of green Apprentice robes</u>/ <u>that had been left out in his room for him</u>, Septimus knocked politely on Marcia's door.

사례 1) 한 시간 뒤 셉티무스는 <u>마르샤가 새로 장만해</u> 자신의 방에 놓아둔 녹색 도제복을 차려입고 서재로 가서 문을 천천히 두드렸다.

사례 2) 한 시간 후, 셉티무스는 방에 <u>잘 개진 새로 맞춘</u> 녹색 도제복을 입고서, 공손하게 마르시아의 방문을 두드렸다.

앞에서는 'a new set of green Apprentice'가, 뒤에서는 'that 이하 관계절'이 명사 'robes'를 수식하니까 복잡하다. 그만큼 오역도 많이 나온다. 1번 사례는 "마르샤가 새로 장만해"라고 했는데 본문에는 없다. 'a new set of'라는 소유격 명사구를 그렇게 번역한 것 같다. 명사구는 동사로 바꾸면 좋을 때가 많다. 2번 사례는 "잘 개진 새로 맞춘"이 어색하다. 피동문까지 동원하며 이중 형용사를 썼기 때문이다. '잘 개진'이라는 피동문은 '잘 개 놓은'이란 능동문으로, '새로 맞춘'이란 형용사는 부사로 돌리면 좋겠다. 그렇다면 이렇게 번역하는 게 어떨까?

셉티무스는 <u>새로 만들어서</u> 방에다 <u>잘 개 놓은</u> 녹색 도제의상을 입고 한 시간 후에 마르시아 스승님이 기다리는 서재 문을 정중하게 두드렸다.

이중, 삼중 형용사는 하나만 남기고 나머지는 부사로 돌리는 습관을 들여야 한다.

② She put aside her worries / about Septimus / and turned her thoughts / to the boy/ who had once been Septimus's best friend.
사례 1) 젤다는 셉티무스에 대한 걱정은 한쪽으로 접고 한때는 셉티무스의 가장 친한 친구였던 소년에게로 생각이 쏠렸다.
사례 2) 셉티무스에 대한 걱정을 한편에 밀어 두고 그의 단짝이던 아이에 대해 생각했다.

접속사 'and'로 생각 두 개를 열거해, 앞에는 과거 'put aside'로 뒤에는 과거완료 'had once been'으로 시차를 둔 문장이다. 선행사 'boy' 앞에 수식어가 없어서 1번과 2번 사례 모두 관계절을 쉽게 처리했다. 1번 사례는 '는', '은', '는'처럼 같은 주격조사가 세 번 연속으로 나온 게 어색하다. 두 번째 '은'은 '을'로 바꾸고 세 번째 '는'은 생략하는 게 좋겠다. 첫 번째 생각은 '접고' 두 번째 생각이 '쏠렸다'는 표현도 이상하다. 생각을 나란히 열거한 문장은 동사가 서로 어울려야 한다. 첫 번째 생각은 '접고' 다른 생각을 '떠올렸다'고 하거나 '집중했다'는 식이 되어야 한다.
사례2 역시 조사 '에'가 연속으로 나온 게 어색하다. '한편에'를 '한편으로' 바꾸면 해결할 수 있다. 그런데 '그의 단짝이던 아이'에서 '그'가 누구인지 혼란스럽다. 영어의 3인칭 대명사는 이름으로 직접 표시하거나 (가능하면) 생략하는 게 좋다. 이렇게 번역하면 두 문제를 모두 해결할 수 있겠다.

젤다는 셉티무스에 대한 걱정을 접어두고 예전에 셉티무스
랑 가장 친하게 지내던 아이를 떠올렸다.

다양한 조사로 운율을 살려서 문장이 서로 어우러지도록 하며,
3인칭 대명사는 이름으로 직접 표시하거나 (가능하면) 생략하는 게
좋다는 사실을 명심하라. 하지만 대명사 생략으로 뜻을 애매하게
만드는 사태는 피해야 한다.

③ Someone who will make a good Keeper, of that
I am convinced.
사례 1) 훌륭한 지킴이가 되리라 믿나이다, 세리스 여왕님.
사례 2) 훌륭한 지킴이가 <u>될거란</u> 확신을 주는 젊은이다.

간단하면서도 복잡한 문장이다. 앞 문장 전체를 받아내는 'of
that'을 앞으로 빼서 강조했다. 여기에서는 'of that'에 담긴 뉘앙스
를 잡아내는 게 핵심이다. 1번과 2번 모두 무난하게 번역했으나 'of
that'을 너무 가볍게 처리해서 뉘앙스가 엷다. 게다가 2번 사례는
'띄어쓰기'까지 틀렸다. 맞춤법과 띄어쓰기 역시 한글이 지닌 특징
이니, 주의해야 한다.
영어의 특징과 한글의 특징을 파악하면 아래처럼 직역하는 자체로
뉘앙스를 훌륭하게 살릴 수 있다.

앞으로 훌륭한 지킴이가 될 청년이라고 저는 확신합니다.

소설은 뉘앙스가 중요하다. 책을 읽는 재미는 바로 거기에서 나오
기 때문이다.

④ There was a myriad of brown and black glass pots that contained ancient things even Marcia was not sure what to do with.

사례 1) 심지어 마르시아도 어디에 쓰는지 <u>알지 못하는</u> 고대의 물건들이 담긴 무수히 많은 갈색, 검정 유리 단지들이 쌓여 있었다.

사례 2) 마르샤조차도 용도를 모를 오래된 물건이 담긴 갈색과 검은색 유리병들이 책장 위에 즐비했다.

원문 내용은 쉽게 이해할 수 있다. 하지만 'glass pots' 앞에도 수식어가 즐비하고 뒤에도 관계절이 있다. 게다가 even 앞에 'which'를 생략한 관계절이 또 있다. 번역이 어색하게 나올 가능성이 크다. 실제로 1번 사례와 2번 사례 모두 어색한 표현이 나왔다. 그러다 보니 '알지 못하는'이란 장형부정이 나오고 복수형을 그대로 사용하는 실수까지 했다. 우리말은 장형부정을 싫어한다. '알지 못하는'을 '모르는'이란 단형부정으로 바꿔야 한다. 게다가 단수와 복수 개념도 모호하다. 그런데 '무수히 많은'과 '쌓여있었다', '즐비했다' 자체가 복수형을 내포하기 때문에 복수형 어미 '들'을 넣는 건 중복이며, 이런 중복은 독서 흐름을 깨뜨리는 부작용이 있다.

이런 문장을 억지로 번역하면 어색한 표현에 원문 뉘앙스까지 놓치면서 오역으로 이어지기 쉽다. 먼저 문장을 분석하자(연필을 들고 원문에다 빗금을 치며 분석하는 습관을 들이면 좋다).

There was a myriad of brown and black glass pots / that contained ancient things / even Marcia was not sure / what to do with.

문장을 네 개로 나누었다. 우선, 유도부사 'there'가 이끄는 문장을 동사구로 바꿔라. 그러면 '갈색과 검은색 유리단지가 아주 많다'가 되겠다. 이번에는 세 번째 문장을 보라. '마르시아조차 확실히 모르는'이 된다. 네 번째는 '어디에 쓰는지'가 되겠다. 두 번째 문장은 문장을 연결하는 핵심 고리로 '고대 물질이 들어있는'이란 뜻이다. 그래서 나온 번역어 네 개를 어법에 맞게 조합하면 아래처럼 만들 수 있다.

갈색과 검은색 유리단지가 아주 많은데, 거기에는 마르시아
조차 어디에 쓰는지 모르는 고대 물질도 있었다.

1번 사례는 마르시아가 '고대의 물건'의 용도를 모른다는 뉘앙스가 강하고 2번 사례도 비슷한 뉘앙스를 풍긴다. 하지만 실제로는 아는 것도 있고 모르는 것도 있다는 의미다. 그리고 전체적인 뉘앙스로 볼 때 '물건'보다는 '물질'이라는 표현이 좋다.

⑤ Septimus left them <u>at the end of the dingy alleyway/ that Nicko insisted/ contained Mr. Higgs's net loft.</u>
번역 1) 셉티무스는 <u>히그스 갑판장의 그물 창고가 있다고 니코가 주장하는</u> 지저분한 골목 끝에다 일행을 내려주었다.
번역 2) 셉티무스는 <u>지저분한 골목 끝에다</u> 일행을 내려주었다. <u>히그스 갑판장의 그물 창고가 있다고 니코가 주장하는 곳이었다.</u>

1번 번역은 원문에 충실하다는 장점이 있고 2번 번역은 우리말에

충실하다는 장점이 있다. 어떤 번역을 선택하는가는 번역가의 판단과 재량에 달렸다.

> And no one in the cafe argues with them either, quite possibly because of the large, green‑eyed panther/ that follows the tall blonde girl/ like a shadow and emits a low, rumbling growl/ if anyone comes near.
> 그리고 식당에 있는 누구도 그들한테 반발을 못 한다. <u>키가 커다란 금발 소녀를 그림자처럼 따르며 누구든 근처에 오는 사람한테 녹색 눈동자를 부라리며 나지막하게 으르렁대는 커다란 표범</u> 때문일 가능성이 크다.

기다란 원문을 한 문장으로 번역하면 어지럽다. 두 문장으로 나누면서 인과관계를 확실하게 살려주는 게 좋다. 그런데 위에서 줄 친 부분이 어색하다. 대표적인 명사 중심 번역이다. 주어 '커다란 표범'을 앞으로 빼자. 그럼 이렇게 되겠다.

> 키가 커다란 금발 소녀를 커다란 표범이 그림자처럼 따르는데, 누구든 근처에 오면 녹색 눈동자를 부라리며 나지막하게 으르렁대기 때문인 것 같다.

지금까지 제한적 용법을 번역하는 방법에 대해 알아보았다. 제한적 용법이 선행사를 바로 수식한다면 계속적 용법은 선행사를 부연설명한다는 특징이 있다고 앞에서 말했다. 이제부터 계속적 용법을 살펴보도록 하자.

3) 계속적 용법 번역사례 및 해결 방법

① Septimus knew /what the ribbons were—the purple stripes of a Senior Apprentice, <u>which, if his Apprenticeship went well, he would get to wear in his final year</u>.

사례 1) 셉티무스는 이 리본이 무엇을 뜻하는지 알고 있었다. 일급 도제의 보라색 띠로, 도제 기간을 순조롭게 지낸다면 마지막 해에는 그 띠를 두를 수 있게 된다.

사례 2) 셉티무스는 이 띠를 한눈에 알아보았다. 도제 기간 마지막 해에 수석 제자가 된 자만이 두를 수 있는 띠였다.

원문에서 대시(−)는 뒤 문장으로 앞 문장을 설명한다는 표시다. 이런 경우에는 대시를 마침표로 바꿔서 문장을 나누거나 줄임표(⋯)로 바꾸는 게 좋다. 1번과 2번은 문장을 나눴다. 그래서 앞 문장은 둘 다 무난한 표현이 나왔다. 하지만 관계대명사 계속적 용법에다 'if' 절까지 나오면서 1번은 표현이 어색하고 2번은 뉘앙스가 이상하게 변하고 말았다. 이번에도 문장을 나누어보자.

Septimus knew what the ribbons were / —the purple stripes of a Senior Apprentice, / which, if his Apprenticeship went well, he would get to wear in his final year.

삽입절을 뒤로 보내면 네 문장이 나온다. 삽입절의 'went well'을 사례1은 제대로 표현하지만 사례2는 무시했다. '제대로 지낸다'는 의미다. 두 번째 문장을 명사구로 처리하면 '일급 도제용 보라색 줄무늬'란 뜻이다. 세 번째 문장은 '마지막 해에 착용할 터였다'라는 뜻이다. 이것을 합치면 이렇게 되겠다.

> 셉티무스는 리본이 무언지 알아보았다. 일급 도제용 보라색
> 줄무늬…… 자신이 도제수련을 순조롭게 받는다면 마지막
> 해에 착용할 리본이었다.

바로 뒤에는 '하지만 일급 도제가 되려면 아직 멀어서 그사이에 어떤 일이 일어날지 모른다'며 셉티무스가 속으로 걱정하는 내용이 나온다. 그런데 스승 마르시아는 그것을 지금 착용하라고, 지금 일급 도제로 승진시키겠다고 하니, 셉티무스로서는 얼마나 놀라면서도 좋겠는가? 이런 분위기를 살리기 위해 원저자는 여기에서 계속적 용법을 사용해 문장의 핵심어 '일급 도제용 보라색 줄무늬'를 강조한 거다.

② She looked fondly at her Apprentice, who was unusually well turned out, and smiled.
사례 1) 제자를 애정 어린 눈길로 쳐다보며 입가에 미소를 띤 채 말했다.
사례 2) 드물게도 <u>무사히 돌아온</u> 도제를 정답게 바라보며 미소를 지었다.
사례 3) 마샤는 평소와 달리 <u>옷을 잘 차려 입은</u> 제자를 다정하게 바라보며 미소 지었다.

사례1은 관계절을 아예 생략하고 사례2와 사례3은 계속적 용법을 제한적 용법으로 번역했는데 'turned out'에서 차이가 난다. 'turn out'처럼 평범한 어휘는 뜻이 너무 많아서 번역이 어렵다. 이럴 때는 앞에 나온 내용을 잘 살펴야 한다. 앞에는 제자가 '스승과 약속한 시각에 평소처럼 늦을까 걱정하는' 내용이 나온다. 그렇다면 'who was unusually well turned out'은 '평소와 달리 제시간에 나타났다'가 옳다. 원저자가 계속적 용법으로 이런 사실을 부연해서 설명하는 식으로 강조한 거다. 주어를 받는 동사가 두 개일 때는 계속적 용법 관계절을 독립시키는 게 좋다. 그렇다면 이렇게 되겠다.

마르시아가 다정하게 바라보며 빙그레 웃었다. 도제가 평소와 달리 정확한 시간에 나타난 것이다.

계속적 용법은 저자가 특정 내용을 부연해서 설명하며 강조할 때 주로 사용한다는 사실을 명심하라. 제한적 용법으로 번역하면 안 되는 이유다.

③ She scanned the Mott, which was filling fast with brackish water/ from the incoming tide.
사례 1) 젤다는 밀물로 시커먼 물이 빠르게 <u>들어차고 있는</u> 늪지를 살펴보았다.
사례 2) 젤다는 모트를 살폈다. 모트는 밀물로 소금기 있는 물이 빠르게 차오르고 있었다.

여기에서는 the Mott를 뭐라고 표현할 것인가, 그리고 관계절 계속적 용법을 어떻게 표현해서 분위기를 살릴 것인가 하는 게 번역

포인트다.

먼저 'the Mott'는 저자가 만든 단어라서 사전에 안 나온다. 사례1은 '늪지', 사례2는 '모트'라고 표현했다. 이런 단어를 그대로 표현하는 건 좋은 번역 자세가 아니다. 독자한테 판단을 미루지 말고 번역가가 고민해서 한글로 완성해야 한다. 그런데 'the Mott'는 광활한 늪지의 일부라는 설명이 앞에서 나온다. 게다가 '물이 빠르게 들어찬다'고 하니까 늪지보다 작은 개념으로 '개울' 정도가 어떨까?

'brackish'에 대한 표현도 사례1과 사례2는 다르다. 하나는 '시커먼' 하나는 '소금기 있는'이다. 사례2가 맞다. 알파벳 철자 'r'을 'l'로 착각한 결과다. 철자를 잘못 보는 건 오역을 하는 대표적인 사례니 조심해야 한다.

사례1은 관계절을 제한적 용법으로 해석한 문제가 있고 사례2는 계속적 용법으로 해석했지만 어색하다. 두 문장 모두 '모트'를 넣었기 때문이다. 앞에서 '모트'를 살폈으니 뒤 문장은 눈에 보이는 광경만 묘사해야 한다. '모트'를 또 집어넣는 건 흐름만 끊을 뿐이다. 모든 상황을 고려하면 아래와 같은 번역이 나오겠다.

젤다가 개울을 훑어보았다. 밀물 때라서 짜디짠 물이 빠르게 들어차는 중이었다.

여기에서 우리는 계속적 용법이 나올 때 문장을 나누면 좋다는 사실을 알 수 있다. 사례를 더 보자.

Warmly swathed in her padded quilt dress, which she had spent much of the winter/ sewing, Aunt Zelda stood beside the Mott and watched Wolf Boy set off across the marshes.

번역 1) 젤다는 누더기 이불 옷으로, 겨울 내내 바느질을 해서 만든 옷으로, 온 몸을 따뜻하게 감싼 채 개울 옆에 서서 습지를 가로지르며 달리는 늑대소년을 바라보았다.

번역 2) 젤다는 누더기 이불 옷으로 온 몸을 따뜻하게 감쌌다. 겨울 내내 바느질을 해서 만든 옷이었다. 그리고 개울 옆에 서서 습지를 가로지르며 달리는 늑대소년을 바라보았다.

여러분이라면 어떤 방식을 선택하겠는가? 명사 중심으로 기다랗게 나타난 원문을 그대로 표현하는 건 우리말과 영어의 특징 및 차이를 무시하는 것이지만, 그렇다고 문장을 무조건 간단하게 나누는 건 흐름을 깨뜨리는 문제가 있다. 이 사이에서 고민하며 이야기 흐름을 제대로 잡으려는 노력이 필요하다. 이런 식으로 말이다.

He ran to catch up/ with the Boggart, who had already reached the new plank bridge/ over the Mott/ and was waiting impatiently.

늑대소년이 보가트를 따라잡으려고 뛰어갔다. 보가트는 개울물에 판자를 대서 새로 만든 다리에 벌써 도착해 짜증스런 눈빛으로 기다리는 중이었다.

각각의 용법과 상관없이 번역해야 할 때도 있다. 영어는 시제로 사건 진행 순서를 표기하는 반면에 우리말은 사건이 일어난 순서대로 나열하는 걸 좋아하기 때문이다. 사례를 보자.

① I had met a man who died yesterday.

제한적 용법에 따르면 '나는 어제 죽은 사람을 만났다'로 번역해야 하는데, 이상하다. 원문에서도 'had met'이라는 대과거로 시차를 주었다. 하지만 우리말에는 대과거가 없다. 이럴 때 계속적 용법으로 번역해서 문제를 해결하는 게 좋다.

* (나는) 예전에 어떤 사람을 만났는데, 어제 죽었다.
* (내가) 예전에 만난 사람이 어제 죽었다.

② This began a barrage of question that lasted nearly two hours.
이렇게 시작한 질문공세가 거의 두 시간이나 이어졌다.

③ The fire burned for nearly 12 hours after the blast, which happened around 1 a. m. local time before it was brought under control, Orebiyi said.
오리비어가 한 말에 따르면 현지시각으로 새벽 한 시에 폭발이 일어나서 불길이 거세게 타오르다가 열두 시간이 지난 다음에 비로소 잡혔다.

12장 시제가 마법을 부린다!

영어가 우리말과 제일 많이 다른 것 가운데 하나는 바로 시제다. 영어는 시제 자체로 다양한 내용을 말하는데 우리말은 원칙적으로 현재형을 통해서 느낌으로 전달한다. 내가 '영어를 과학적인 언어, 우리말을 감성적인 언어'라고 주장하는 이유 가운데 하나다. 시인 정지용 님이 쓴 '향수'에서 묻어나오는 감성을 느껴보라.

넓은 벌 동쪽 끝으로
옛이야기 지줄대는 실개천이 휘돌아 나가고
얼룩백이 황소가
해설피 금빛 게으른 울음을 우는 곳,
그곳이 차마 꿈엔들 잊힐리야

질화로에 재가 식어지면
비인 밭에 밤바람소리 말을 달리고

엷은 졸음에 겨운 늙으신 아버지가
짚베개를 돋다 고이시는 곳,
그곳이 차마 꿈엔들 잊힐리야

흙에서 자란 내 마음
파아란 하늘 빛이 그리워
함부로 쏜 화살을 찾으러
풀섶이슬에 함초롬 휘적시든 곳,
그곳이 차마 꿈엔들 잊힐리야

전설바다에 춤추는 밤물결같은
검은 귀밑거리 날리는 어린 누이와
아무렇지도 않고 예쁠 것도 없는
사철 발벗은 아내가
따가운 햇살을 등에 지고 이삭줍던 곳,
그곳이 차마 꿈엔들 잊힐리야

하늘에는 성근별
알 수도 없는 모래성으로 발을 옮기고,
서리까마귀 우지짖고 지나가는 초라한 지붕,
흐릿한 불빛에 돌아앉아 도란도란 거리는 곳,
그곳이 차마 꿈엔들 잊힐리야

모든 동사를 현재형으로 사용하면서 과거와 현재와 미래를 모두
표현해, 우리 마음을 뭉클하게 적시지 않는가! 우리 몸에는 이렇게
감성을 자극하는 한글 DNA가 있으니, 이런 차이를 모르고 과학적
인 영어를 대하면 당연히 어려울 수밖에 없다.

시제는 한국인이 영어를 어려워하는 가장 커다란 원인이다. 그래서 번역어투와 오역을 만드는 공장도 된다. 영어 시제를 우리말로 정확히 옮기려면 첫째, 우리말에서 시제를 표현하는 방식을 익히고, 둘째, 영어 시제를 우리말로 옮기는 방법, 특히, 우리말에 없는 대과거를 정확히 옮기는 방법을 익혀야 한다.

1. 시제의 원리를 파악하자

영어는 동사를 변형하고 보조사까지 붙이면서 소위 열두 시제를 만드는 식으로 사건이 발생한 시점과 순서를 문장에 정확히 담는다. 하지만 우리는 1913년에 주시경 선생이 우리말 시제를 과거, 현재, 미래로 제시한 이래 국문법에서는 아직 이 체계를 그대로 따른다. 그런데 여기에 다양한 예외가 존재해서 시제 번역을 더욱 어렵게 만든다. 오랜 문화 차이가 그대로 드러나는 것이다.

영어는 동사 기본형이 현재시제를 나타내지만, 우리말은 동사 기본형을 일상적인 언어활동에 사용하지 않는 차이점도 있다.

아침에 비가 오다.

시제가 없는 우리말 문장이다. 영어는 동사 기본형이 현재시제를 나타내지만, 우리말은 동사 기본형을 일상적인 언어활동에 사용한 사례 자체가 없다. 따라서 영어는 시제가 없는 문장 자체를 만들 수 없으나, 우리말은 영화제목이나, 표제어, 구호, 신문기사 제목 등에서 원형동사를 이용해 시제가 없는 문장을 사용할 때가 있다.

이를 부정법이나 부정시제라고 하는데, 화자의 주관적 입장을 버리고 객관적 현상을 기술한다는 인상을 준다. 우리말에서 시제를 가볍게 여기는 사례 가운데 하나다.

열두 시제를 가만히 들여다보면 영어는 참 과학적인 언어란 생각이 든다. 문장 자체에 사건 순서가 모두 들어간다. 논리적 사고와 물질주의가 발달한 배경이다. 반면에 우리말은 감성이 그대로 묻어 나오는 언어다. 영어는 열두 시제에서 동사가 결정적인 영향을 미치지만, 우리말은 동사보다 시간부사가 더 커다란 영향을 미치는 현상도 재미있다. 시간부사에 따라서 시제가 변하는 사례를 보자.

그는 학교에 갔다. (과거시제)
그는 어제 학교에 갔다. (과거완료시제)
그는 벌써 학교에 갔다. (과거완료시제)
그는 확실히 학교에 갔다. (과거완료시제)

시간부사 '어제, 벌써, 확실히' 등이 붙으면서 과거시제가 과거완료시제로 변했다.

그는 (내일) 학교에 다 갔다. (미래시제: 예언, 조롱, 경고)
그가 내일 학교에 가면 좋겠다. (미래시제: 가정, 희망)

동일한 문장에 시간부사를 '내일'로 바꿨는데 미래시제가 된다. '그는 학교에 간다'는 문장은 상황에 따라서 현재시제도 되고 미래시제도 된다. 동사 자체로는 시제가 불분명한데, 시간부사를 첨가하면 시제 성격이 분명하게 드러난다.

그는 지금 학교에 간다. (현재시제)

그는 〔곧, 이따가, 오늘, 내일……〕 학교에 간다. (미래시제)

시간부사로 현재형과 미래형을 결정한 사례를 한 번 더 살펴보자.

나는 지금 서울에 간다.

나는 내일 서울에 간다.

위 사례에서 두 번째 문장은 미래를 나타낸다. 하지만 '내일'이라
는 시간부사 이외에는 특별한 미래시제 형식이 없다. 그래서 국문학
계에서는 우리말 시제가 '과거, 현재'나 '과거, 비과거' 두 개만 있다
고 보는 게 적절하다는 의견이 적지 않다. (영미권 영문법 학자 역시
의미는 약간 다르지만 비슷한 논쟁을 진행하는 중이다.)

2. 우리말은 시제를 어떻게 표현하지?

시제를 번역할 때 우리가 고려할 사항이 또 있다. 영어는 '시제일
치 원칙'이 있어서 주절과 종속절에 담긴 동사 시제를 모두 일치시켜
야 하는데 우리말은 주절 하나만 시제를 표시하고 나머지는 모두
현재형을 사용해야 한다. 영어에 '시제일치 원칙'이 있다면 우리말
에는 '시제불일치 원칙'이 있는 셈이다. 영어 시제는 문법 요소가
강하지만 우리말 시제는 의미요소로 받아들이는 측면이 강하다. 과
거에 일어난 일인지 현재에 일어난 일인지 구별만 되면 시제 형식에
구애를 안 받는다. 과거라는 인식이 있다면 과거시제를 구태여 안

쓴다. 이럴 때 과거시제를 쓰면 정말 어색하다.

　아주 중요한 내용이라서 이 책 곳곳에 사례와 설명이 나오니, 여기에서는 사례를 하나만 들겠다.

　　……흐리멍덩한 얼굴을 하고 있었고, ……수염을 잡아당기
　　고 있었다.

　바로 다음 장에 나오는 문장이다. 영어의 시제일치 원칙을 그대로 적용해서 딱딱하다. 우리말의 시제불일치 원칙에 따르면 이렇게 변한다.

　　……흐리멍덩한 시선을 한 채 ……수염을 쓰다듬었다.

　어떤가? 훨씬 편하지 않은가? 그럼, 우리말에서 시제를 표현하는 양식을 둘러보자.

　1) 동사를 중심으로 시제를 표현하는 방식

　　〈과거시제〉
　　* 선어말 어미 '~았/었/였/했다'
　　　나는 지난 주말에 친구와 함께 좋은 영화를 보았다.
　　　오빠는 어제 맛있는 음식을 먹었다.
　　　언니는 대학에서 열심히 공부했다.
　　* 회상시제 선어말 어미 '-더-'
　　　그 사람은 어제 학교에 가더라.
　　* 동사 어간에는 '~(으)ㄴ'을,
　　　형용사나 조사 다음에는 '-던-'

* 어제 내가 읽은 책은 무척 감동적이었다.

곱던 꽃이 벌써 시들었구나.

어리기만 하던 네가 이렇게 컸구나.

〈현재시제〉

동사에 '-는-', '-ㄴ-'을 붙인다.

아이들이 지금 밥을 <u>먹는다</u>.

아이들이 지금 <u>뛰어논다</u>.

〈미래시제〉

선어말 어미 '-겠-'

내일은 비가 내리겠다. (추측)

이번 시험에 꼭 합격하겠다. (의지)

2) 시간부사를 중심으로 시제를 표현하는 방식

〈현재형〉

나, 지금 집에 도착했어.

지금 내 표정 어땠니?

시간부사 '지금'은 "말하는 시점"을 의미하기 때문에, 위 예문에는 과거시제 선어말어미 '-했-'을 썼지만, 현재시제가 된다.

〈과거형〉

아버지가 내 성적을 벌써 아셔?

시간부사 '벌써'가 "오래전"을 의미하기 때문에, 위 예문에서 "아셔"라는 동사 현재형을 썼지만, 문장 자체는 과거시제가 된다.

〈미래형〉

비가 안 와서 올해 농사는 다 지었다.

과거시제 선어말어미 '-었-'을 썼지만, 시간부사 '올해'가 있어서 위 예문은 미래시제가 된다. 그런데 영어는 시간부사가 시제에 영향을 안 미친다. 동사가 시제를 결정하는 구조다.

He was still there. 해리는 거기에 계속 있었다.
He is still there. 해리는 아직도 거기에 있다.

I'll beat the shivers so far. 그러면 추위가 물러날 것이다.
I beat the shivers so far. 그래서 추위를 물리쳤다.

영어는 동사로 규정하는 시제형식이 발달했다면 우리말은 시간부사로 시제를 규정한 사례다. 그렇다면 완료형과 진행형은 어떤지 살펴보자.

〈현재완료형〉

"시간이 흘러 바야흐로 봄이 왔다."

시간부사 '바야흐로'가 "이제 한창, 지금 바로"를 의미하니, 단순과거시제 '왔다'가 있어도 위 예문은 영어의 현재완료형에 해당한다.

〈현재완료진행형〉

"우리 학교에는 요즈음 독감이 유행이다."
"나도 가끔은 중국어를 공부한다."

시간부사 '요즈음'이 "바로 얼마 전부터 지금까지"를 의미하니, 단순 현재시제 '유행이다'를 사용했지만, 위 예문은 영어의 현재완료진행형에 해당한다.

두 번째 예문 역시 시간부사 '가끔'이 "시간적, 공간적 간격이 얼마쯤씩 뜨게"를 의미하니, 현재시제 '한다'를 사용했지만, 위 예문은 영어의 현재완료진행형에 해당한다.

〈과거완료진행형〉
"철수를 더러 만났다."

시간부사 '더러'가 "이따금"을 의미하니, 과거시제 선어말어미 '-았-'을 썼지만, 위 예문은 영어의 과거완료진행형에 해당한다.

〈미래완료진행형〉
"우리 이따금 등산 갑시다."

시간부사 '이따금'이 "얼마쯤씩 있다가 가끔"을 의미하니, 미래시제 '갑시다'를 썼지만, 위 예문은 영어의 미래완료진행형에 해당한다.

지금까지 사례를 검토한 결과, 우리는 우리말이 동사보다는 시간부사를 중심으로 시제를 나타내는 경향이 강하다는 사실을 알 수 있다.

〈기타 예시 - 시간부사를 추가한 번역〉
"I've been out here since six o'clock," she said.
아줌마가 말씀하셨다.
"여섯 시부터 여태까지 여기에 나와 있는 거야."

My general attitude is that if I'm doing a good job
in what I'm doing now, I can have the opportunity
to seek higher office.
<u>지금</u> 맡은 일을 잘한다면 더 높은 자리를 추구할 기회도 얻
을 수 있다. <u>현재로써는</u> 이게 내 마음이다.

3. 영문법 책에 실린 엉터리 한글 시제가 한글을 망친다

1) 영어 현재시제가 우리말 현재시제를 오염시킨 유형

He is good looking.
그는 잘 <u>생깁니다</u>. → 생겼습니다.

I don't know.
모릅니다. → 모르겠습니다.

Today I wear a red skirt.
나는 오늘 빨간색 치마를 <u>입다</u>. → 입었다.

2) 바람직한 시제번역

I have a cold.
나는 감기에 걸렸다.

I'm from France.
나는 프랑스에서 왔다.

I'll not be late for class again.
수업에 다시는 안 늦을게요.

I said I would finish the work by tomorrow.
나는 내일까지 작업을 마치겠다고 대답했다.

3) 선어말 어미 '~았/었/였/했다'를 단순히 과거시제 기능으로 한정할
   수 없다.

길수는 아버지를 닮았다.
수박이 잘 익었다.
언니가 빨간 옷을 입었다.
아기가 귀엽게 생겼다.
(과거형으로 현재형을 나타낸다.)

내일 소풍은 다 갔다.
이제 너 죽었어.
너 오늘 집에 들어오면 혼났다.
(과거형으로 미래형을 나타낸다.)

영어 동사는 현재형과 과거형만 있다. 미래형은 조동사 will,
shall 등을 붙여서 가능성, 허락, 의도 등을 나타낸다. 하지만 우리
말은 현재형으로 미래형을 표현할 때가 많다. 사례를 보자.

지호가 결혼한다.
나는 떠난다.

둘 다 현재동사를 사용한 현재형일 수도 있고 미래형일 수도 있다. 여기에 시간부사를 첨가하면 시제가 훨씬 또렷하게 나타난다.

지호가 삼 개월 후에 결혼한다. (미래형)
지호가 지금 결혼한다. (현재형)
나는 이따가[내일, 한 달 후에] 떠난다. (미래형)
나는 지금 떠난다. (현재형)

4) 과거완료

우리말은 과거완료나 대과거에 대한 형식이 없다. 반면에 영어는 대과거란 형식을 통해서 특정 사건보다 먼저 일어난 사건을 알린다. 이것을 놓치면 오역이, 직역하면 '했었다' 등의 대과거 번역어투가 나온다. 바람직한 번역사례를 보자.

He came back earlier than I had expected.
잭은 내가 예상한 것보다 일찍 돌아왔다.

Yesterday I lost the ticket I had bought the previous day.
나는 그저께 차표를 샀는데, 어제 잃어버렸다.

They had left when I arrived there.
They left before I arrived there.
She was—or had been—a young Queen.
(판타지 소설에서 주인공이 유령을 만나는데, 유령은 살았을 때 젊은 여왕이라는 사실을 말하는 문장이다. 그래서 만

198

난 시점을 'was', 예전 상태를 'had been'이란 대과거로 표현했다. 이런 느낌이다.)

"젊은 여왕이었다……예전에는."

대과거는 오역 공장이다. 사례를 두 개만 보자.

A few moments later Alice <u>was licking</u> tomato juice from her fingers. We'<u>d eaten</u> everything.
얼마 뒤 앨리스는 손가락에 묻은 토마토즙을 <u>핥았다</u>. <u>우리는 모두 먹어치웠다</u>.

손가락에 묻은 걸 '핥았다'는 말과 '먹어치웠다'는 말이 호응을 안 한다. 원문을 보니까 앞 문장은 'was licking'이라는 과거진행형, 뒤 문장은 'had eaten'이란 대과거를 썼다. 그렇다면 '대과거로 생긴 일' 때문에 '과거진행형이 나온 게' 된다. We'd eaten everything. 즉, 우리가 음식을 다 먹어서 손가락을 핥는 거다. 그럼 이렇게 바꿀 수 있겠다.

잠시 후에 앨리스는 손가락에 묻은 토마토즙을 쩝쩝 핥아먹었다. 둘이서 모두 먹어치운 것이다.

다음 문장을 보자.

I tried to tell myself it was a real dog I was hearing, one that <u>had</u> somehow <u>found</u> its way down into the catacombs.

나는 진짜 개가 짖는 소리를 들은 거라고 마음속으로 되뇌었
다. 어쩌다가 지하 묘지로 내려가는 길로 접어들었을 것이다.

무슨 말인지 모르겠다. 원문에 나오는 'had found'란 대과거를
놓쳐서 그렇다. 지하묘지에서 악마가 개로 변신해서 짖어대는 소리
를 듣고, 주인공은 악마가 아니라 진짜 개가 짖어대는 소리라며 자위
하는 부분이다. 시제에 담긴 내용 역시 저건 악마가 아니라는, 개
한 마리가 지하묘지를 우연히 발견하고 내려와서 지금 멍멍 짖어대
는 거라는 염원을 담았다. 그렇다면 이렇게 번역할 수 있겠다.

저건 진짜 개가 짖어대는 소리라고, 개 한 마리가 지하묘로
내려오는 길을 우연히 발견한 거라고 자위했다.

대과거가 말하는 사건 순서를 정확히 인지해서 번역하는 건 아주
중요하다.

5) 진행형 표현이 한글을 망친다.

나는 학교에 가고 있다.
나는 학교에 가는 중이다.
나는 학교에 간다.

'~고 있다'는 진행형 표현은 일본에서 영어 진행형을 '동사+て
いる'로 번역한 것을 우리가 그대로 받아들여서 '~고 있다'로 해석
하던 습관에서 나온다.
하지만 우리말에는 기본적으로 진행형이 없다. 동사 중심 언어라

서 동사 자체에 진행형이 들어간다. '나는 학교에 간다', '나는 잠을
잔다', '철수는 밥을 먹는다' 등등, 현재형으로 진행 상태를 표시한
다. '하고 있다' 등의 진행형 번역은 대표적인 번역어투다. 그런데
더 커다란 문제는 진행형 자체가 불가능한 상태 동사까지 진행형으
로 표현한다는 사실이다.

* 철수가 바닥에 떨어지고 있다. → 철수가 바닥으로 떨어진다.
* 나는 저 집에서 살고 있다. → 나는 저 집에서 산다.
* 방과 후에 두세 시간씩 시험공부를 하고 있다.
  → 시험공부를 한다.
* 아기가 자고 있다. → 아기가 잔다.

4. 다양한 시간부사

1) 기본 시간부사
과거: 전에, 일찍이, 어제, 옛날······.
현재: 이제, 오늘, 지금······.
미래: 나중에, 앞으로, 장차, 내일······.
알 수 없는 시점: 언제, 어느 때, 어느 날······.
정하지 않은 시점: 아무 때, 아무 날······.

2) 부차 시간부사
과거: 방금, 금방, 갓, 아까, 조금 전······.
미래: 금방, 곧, 즉시, 바로, 이따가, 조금 후······.

3) 기타

* 처음이라는 사실을 강조할 때: 처음, 최초, 비로소, 본래, 원래……

* 순서를 나타낼 때: 먼저, 우선……

* 사건이 빨리 이뤄진 순서를 나타낼 때: 앞서, 일찍, 지레……

* 신속한 행동을 강조할 때: 빨리, 얼른, 어서……

* 동일시간을 표현할 때: 한꺼번에, 동시에, 일시에……

* 적당한 시점을 나타낼 때: 마침. 때마침, 적시에……

* 동시성을 나타낼 때: 함께, 같이, 더불어……

* 최종 양상을 표현할 때: 나중에, 마지막에, 끝내……

* 다음 순서를 나타낼 때: 다음에, 후에……

* 화자의 의지와 판단을 나타낼 때: 과연, 마침내, 드디어, 이윽고, 이제야, 결국……

* 늦을 때: 더디, 늦게, 천천히……

* 아주 짧은 순간에 사건이 발생할 때: 문득, 갑자기, 홀연히, 난데없이, 순식간에, 일순간, 순간, 얼핏, 언뜻……

* 특정 시간을 나타내는 시간명사이자 부사: 새벽, 저녁, 황혼, 한밤중, 종일, 겨우내, 평생……

* 시간적 한계를 나타낼 때: 여태, 지금껏, 예로부터, 이제부터, 어제까지……

* 단기간 시간을 지속할 때: 잠간, 잠시, 한때……

* 장기간 시간을 지속할 때: 오래, 길이, 영원히……

* 시간 지정 없이 일정 상태를 지속할 때: 항상, 늘, 매양, 내내, 시종……

* 사건이 연속으로 일어날 때: 잇달아, 계속, 연이어……

* 시간이 점진적으로 변할 때: 날로, 점점, 점차, 차차……

* 사건이 단순하게 반복될 때: 다시, 또, 또다시, 도로…….
* 시간이 규칙적으로 반복될 때: 날마다, 매일…….
* 시간이 불규칙적으로 반복될 때: 자주, 빈번히, 흔히, 가끔, 이따금, 더러, 때때로…….

4) 연결어미

완료상 연결어미: ~어서, ~고서, ~자마자, ~다가, ~자

　　　시간부사: 이미, 벌써

진행상 연결어미: ~면서, ~며

　　　시간부사: 단순 진행 → 바야흐로, 한창

　　　미완료 진행 → 아직

예정상 어미: '~겠~', '~리~'

　　　연결어미: ~도록, ~고자, ~려

　　　시간부사: 미래 시간부사를 겸용

시간부사가 엄청나게 많다. 영어는 시제형식이 발달했다면 우리말은 시간부사가 발달했다. 시간부사를 잘 활용하면 시제 번역이 그만큼 자연스럽다.

13장 대명사도 우리말로 바꾸자

대명사는 한글을 망치고 나아가 악역과 오역까지 만든다. 한글은 대명사를 없애야 편하다. 반면에 영어는 대명사를 사용할 수밖에 없는 이유가 있다. 표현의 다양성을 살려야 하는데, 주어는 꼭 필요하기 때문이다. 똑같은 주어를 계속 쓰자니 다양성이 깨지고 주어를 생략하자니 문장이 깨진다. 그래서 명사를 대신하는 대명사가 나올 수밖에 없다. 하지만 우리말은 대명사를 안 좋아한다. 우리말은 이중 주어나 주어 생략 혹은 부사로 다양성을 살리기 때문이다. 그래서 1, 2인칭 대명사는 생략할 때가 많고 3인칭 대명사는 고유명사로 바꿔야 한다. 그런데도 대명사를 사용해서 표현을 이상하게 만들고 나아가 악역과 오역으로 이어진 사례와 대안을 보자. 국내에 번역 출간한 소설에 실린 표현이다.

1) His eyes look grazed, and he was pulling at the hair of his beard with the fingers of his left hand.

204

He realized that I was watching him and cleared his throat.

그는 흐리멍덩한 얼굴을 하고 있었고, 또한 그는 왼쪽 손가락으로 그의 수염을 잡아당기고 있었다. 그는 내가 자기를 바라보는 걸 깨닫고 목을 가다듬었다.

2) The hopes are dwindling but <u>they</u> are not yet dead.

가능성은 줄고 있지만 그래도 <u>그들은</u> 아직 생존해 있다.

1번 번역은 '그'가 너무 많아서 눈이 어지럽다. 그런데 앞에서 '그'는 'Captain'이라고 나온다. 일단 '그'를 '캡틴'으로 바꿔보자.

캡틴은 흐리멍덩한 얼굴을 하고 있었고, 또한 캡틴은 왼쪽 손가락으로 캡틴의 수염을 잡아당기고 있었다. 캡틴은 내가 자기를 바라보는 걸 깨닫고 목을 가다듬었다.

그나마 읽기가 낫다. 하지만 '캡틴'이 너무 많다. 우리말은 주어 생략을 좋아하니 몇 개만 없애자.

캡틴은 흐리멍덩한 얼굴을 하고 있었고, 또한 왼쪽 손가락으로 자기 수염을 잡아당기고 있었다. 내가 자기를 바라보는 걸 깨닫고 목을 가다듬었다.

조금 좋아졌는데, 아직도 이상하다. '하고 있었고', '잡아당기고 있었다'라는 진행형 번역어투 때문이다. 이걸 우리말로 바꾸면 이렇다.

캡틴은 흐리멍덩한 얼굴을 하고서 왼쪽 손가락으로 수염을 잡아당겼다. 그러다가 내가 바라본다는 사실을 깨닫고 목을 가다듬었다.

그래도 말이 이상하다. 원문을 보니 '흐리멍덩한 얼굴'이 아니라 '흐리멍덩한 시선', 영어 'with the fingers of his left hand'는 '왼손 손가락 사이로', 'pulling at'은 '잡아당기고'가 아니라 '훑으면서 쓰다듬었다'다. 한 번 더 바꾸면 이렇게 변하겠다.

캡틴은 흐리멍덩한 시선을 한 채 왼손 손가락 사이로 수염을 훑으며 쓰다듬었다. 그러더니 내가 바라본다는 사실을 깨닫고 목청을 가다듬었다. (영어에 그리도 많던 주어 '캡틴'을 하나로 줄였다는 사실에 주목하라.)

그나마 읽기가 편하다. 이번에는 2번을 보자. '희망은 줄어들지만 그래도 사람들은 살아있다'는 의미 같다. 대명사가 걸려서 원문을 보니, 'they'는 'hopes'를 받는다. 대명사는 앞에 있는 동격 명사를 받아내기 때문이다. 그렇다면 이렇게 되겠다.

희망이 줄었지만, 완전히 사라진 건 아니다.

대명사가 가르치는 대상을 무시하고 습관적으로 번역하면서 나타난 오역이다. 대명사를 명사로 바꾸는 습관을 들이면 한글이 편하다.

14장 동명사와 to 부정사

to 부정사와 동명사는 언뜻 보면 비슷하면서도 미묘한 차이가 있어서 잘못 번역하면 뉘앙스가 변한다. 각각의 특징을 확실히 파악하는 건 아주 중요하다.

무엇보다 커다란 차이는, to 부정사는 아직 안 일어난 사건 즉, 잠재성, 가설성, 비사실성, 비현실성, 미래성을 말하고 동명사는 이미 일어난 사건을 말한다는 사실이다. 그래서 아래와 같은 차이가 생긴다.

1) 실제로 행동했는지 여부

She tried to knock at the door.

문을 두드리려고 했다. (잠재성: 그러다가 안 두드렸다.)

She tried knocking at the door.

문을 두드렸다. (실현성: 그러나 소용이 없었다.)

2) 미래와 과거

* stop fighting 싸움을 멈추다 (현재나 과거에 한 일)

stop to fight 싸우려고 걸음을 멈추다 (미래에 할 일)

* I remember to say so.

(I remember that I will have to say so.)

그렇게 말해야 한다는 사실을 알다. (미래에 할 일)

I remember saying so. (I remember that I said so.)

그렇게 말한 기억이 나요. (과거에 한 일)

3) 행위주체의 범위

I don't like to send him.

나는 그 사람을 보내고 싶지 않다. (내 의견)

I don't like sending him.

나는 그 사람을 보낸다는 게 싫다.

(다른 사람 의견이나 행위에 반대)

4) 일반성과 특수성

To learn a foreign language is difficult.

외국어는 배우는 게 어려워. (일반성)

Learning a foreign language is difficult.

내가 외국어를 배워봤는데 정말 어렵더군. (특수성)

15장 신체언어, 몸짓과 표정

1. 영어에만 존재하는 신체언어

* keep one's finger crossed
  손가락으로 십자가를 만들어서 행운을 빌다
* She lied, crossing her fingers in her skirt.
  샐리는 거짓말을 하면서 치마에 숨긴 손가락으로 십자가를 만들어 죄책감을 달랬다.

* bite one's head off
  이빨로 깨물어서 머리를 자르다 → 호되게 꾸짖다
* The teacher was biting the student's head off.
  선생님이 학생을 호되게 꾸짖었다.

knock (on) wood / touch wood
행운을 빌다

* I should get the report out by tomorrow. Knock on wood.

내일까지 보고서를 제출해야 해. 행운을 빌어 줘.

* Only superstitious people knock on wood.

미신을 좋아하는 사람만 행운을 빌 때 나무를 두드린다.

* Well, don't forget to knock on wood.

글쎄, 행운을 비는 걸 잊지 마.

2. 동작과 의미가 비슷한 신체언어

look back over one's shoulder

영어 원문에 자주 등장하는 표현이다. 대부분 "어깨너머로 (뒤를) 돌아본다"고 번역한다. 물론 우리말에도 "어깨너머로 돌아본다"는 표현이 없는 건 아니지만, 상황을 아주 세밀하게 묘사할 때만 사용하고 대체적으로는 "뒤를 돌아보다"고 한다. 원문에서도 세밀한 상황 묘사가 아니라 일반적으로 사용하는 표현이니, "뒤를 돌아본다"가 본문 뉘앙스에 자연스럽다.

fixed me with her eye

나를 살짝 쳐다보면서

* 번역물에서 대부분 '시선을 나에게 고정시킨 채'라고 번역한다. 하지만 양쪽 눈 'eyes'가 아니라 한쪽 눈 'eye'란 사실에 주목하라.

210

shading her eyes with her hands
두 손으로 두 눈에 그늘을 만든다.
* 번역물에서는 대부분 '두 손으로 얼굴을 가린다'라고 번역하는데,
'hide'가 아니라 'shade'란 사실에 주목하라.

clap one's hands to one's mouth
손으로 입을 틀어막다

don't lift a finger.
손가락 하나 까딱 않다.

put one's heads together
머리를 맞대다.

wave one's hands
두 손을 (열심히) 흔든다.
* hand가 아니라 hands란 사실에 주목하라. 한 손이 아니라 두
손을 흔드는 거다.

They had cried to him from the car, waving their
hands, "goodbye, stephen, goodbye!"
차 속에서 그들은 <u>손을 저으면서</u> 그에게 소리쳤다.
"잘 있거라, 스티븐, 잘 있어!"

'젊은 예술가의 초상'에서 나온 번역이다. 손을 젓는다는 건 거절
이나 거부를 나타낸다. "손을 열심히 흔들다"로 바꿔야 한다. 이렇게
말이다.

그들은 차에서 손을 열심히 흔들며 소리쳤다. "잘 있어, 스
티븐, 잘 있어!"

〈질문방식에 따라 의미가 변하는 고갯짓〉
'고개를 끄덕이다'/'고개를 젓다'.
  긍정의문문에서는 '예/아니요'와 'yes/no'가 똑같지만, 부정의
문문에서는 거꾸로 되는 것처럼 고갯짓하는 의미도 거꾸로 된다.

  "No white showing?"
  Buck shook his head.
  "흰자위가 안 보여요?"
  벅이 고개를 저었다.

  '암살단'에 나오는 장면이다. 원문은 '안 보인다'는 뜻이지만 번
역서에서는 '보인다'는 뜻이다. "벅이 고개를 끄덕였다"라고 해야
한다.

  "Ken didn't know you were a believer, did he?"
  Miklos shook his head.
  "켄은 당신이 신자라는 사실을 몰랐나요?"
  미클로스가 고개를 저었다.

  '아폴리온'에서 나오는 장면이다. 원문에서는 '몰랐다'는 뜻, 번역
서에서는 '알았다'는 뜻이다. 여기에서도 "미클로스가 고개를 끄덕
였다"고 해야 옳다.

212

<관용적으로 사용하는 신체언어>

receive a cold shoulder 찬밥 신세가 되다
jumped out of my skin 머리털이 쭈뼛했다/간 떨어지다

<동작은 같으나 의미는 다른 신체언어>

shrug는 (무관심·경멸·의문·불쾌 등을 나타내어) (두 손바닥을
위로 하고) 〔어깨를〕 으쓱하다; on이나 off를 붙여서 (어깨를 움츠
리며) 〔옷을〕 입다〔벗다〕는 의미로 사용한다. 우리말에서는 자랑스
러울 때 "어깨가 으쓱하다"는 식으로 사용한다.

break a leg! 힘 내! / 잘해!

'다리를 부러뜨리다'는 우리말과 의미가 완전히 다르다.

<비슷한 표현이 없는 신체언어>

twist one's arm 팔을 비틀다. 싫은 일을 강요하다.
give someone the elbow ~와 헤어지다

위에서 보듯, 우리말과 영어는 비슷한 신체표현도 있고 아닌 것도
있으며 부가의문문에서는 거꾸로 나타난다. 전통과 문화가 그만큼
다르다는 증거다. 이런 차이를 외면한 직역은 직역이 아니라 오역이
다. 가장 중요한 건 소설 흐름을 제대로 묘사하는 것이니, 비슷한
신체표현이 있으면 그것으로 번역하고 비슷한 표현이 없으면 거기에
해당하는 관용적 신체언어를 찾는 게 좋다. 동작이 같으나 의미가

다르면 당연히 영어 동작에 맞추고, 비슷한 신체언어가 없다면 의미를 제대로 전달하는 정도로 만족해야 한다.

16장 관계사 what과 의문사 what

영문 작품에서 'what'은 툭하면 절을 이끌고 나와, 번역 과정에서 조금이라도 실수하면 문맥을 헝클어뜨린다. 관계사일 때와 의문사일 때가 완전히 다르기 때문이다. 따라서 어떤 'what'이 관계사고 어떤 'what'이 의문사인지 정확히 파악하는 건 아주 중요하다. 'what'이 '화자가 아는 내용이나 화자의 습관'을 나타내면 관계사, 화자가 '정확히 모르는 내용'이면 의문사로 기억하면 된다.

그런데 'what'은 대명사와 형용사로 쓰인다. 대명사는 의문대명사와 관계대명사로 나뉘고 형용사는 의문형용사와 관계형용사로 나뉜다. 이 밖에 부사·감탄사 등으로도 쓰인다. 관계대명사 what은 다른 관계대명사 who, which, that 등과 달리 선행사를 포함하여 'the thing which'라는 뜻으로 쓰이는 경우가 많지만, 때로는 'as much as', 'a thing which', 'anything that'으로 쓰일 때도 있다. 따라서 제한적 용법과 계속적 용법으로만 구별할 수 없다.

그런데 문장 앞에 나오는 'what'은 비교적 쉽다. 문제는 종속절이다. 의문사 'what'은 간접의문문에서 '무엇/어떻게'라고 해석하며 직접의문문이나 'What to do?/무엇을 할까?' 형식으로 바꾸면 자연스럽지만, 관계사 'what'은 '~하는 것'이라고 해석하며 'the thing which'로 자연스럽게 바꿀 수 있다. 종속절 중심으로 'what' 용법을 살펴보자.

Do you know what this is?
이것이 무엇인지 아느냐?
(What is this? 간접의문문)

Tell me what he has done.
그가 무슨 일을 했는지 일러다오.
(What has he done? 간접의문문)

What you say does not make any sense to me.
자네가 하는 말은 내가 볼 때 이치에 안 맞아.
(무슨 말을 하는지 아니까, what=the thing which, 관계절)

He is not what he was.
그 사람은 옛날이랑 달라.
(옛날 모습을 아니까, what=the man who, 관계절)

You may do what you will.
하고 싶은 건 뭐든지 해도 돼.
(의지를 아니까, what=the thing which, 관계절)

Come what may, I will follow you.
어떤 일이 있어도 나는 당신을 따르겠다.
(which thing may come, 관계절)

Air is to us what water is to fish.
인간한테 공기가 필요하듯이 물고기한테는 물이 필요하다.
(A is to B what C is to D, 관계절)

It began to rain and, what is worse, we lost our
way in the dark.
비가 내리더니, 설상가상으로, 주변이 어두워지면서 길까지
잃었어. (what=the thing which, 관계절)

Do you know what time the train will arrive?
열차가 몇 시에 도착하는지 압니까?
('what'이 'time'을 수식, 의문형용사)

I have read what books I have.
가진 책을 모두 읽었다.
('what'이 'books'를 수식, 관계형용사)

  이번에는 국내에 출간한 작품에서 'what'을 번역한 사례를 보자.
(허은진·이상도 님이 '새한영어영문학 제51권 4호'에 발표한 논문
'영한번역 작품에 나타난 관계사 what과 의문사 what의 오류 분석'
에서 '다빈치 코드'와 '화성에서 온 남자 금성에서 온 여자' 비교
분석한 내용을 참고했다.)

논문에 의하면 '다빈치 코드'와 '화성에서 온 남자 금성에서 온 여자'에서 'what'이 나온 분포와 빈도는 다음과 같다.

번역서	what	빈도
다빈치코드	관계사	114(45.8%)
	의문사	116(46.6%)
	관계사/의문사	19(7.6%)
화성에서 온 남자 금성에서 온 여자	관계사	288(68.9%)
	의문사	109(26.1%)
	관계사/의문사	21(5.0%)

'다빈치코드'에서는 what 관계사와 의문사가 비슷한 빈도로 나오지만, '화성에서 온 남자와 금성에서 온 여자'에서는 관계사 비중이 월등하게 높은 이유를 위 논문은 "소설과 비소설의 차이"라고 분석한다.

이번에는 위 논문에서 'what'을 잘못 사용했다고 지적한 문장 사례를 살피고 바람직한 대안을 모색하자. 오역은 what 의문사를 관계사로 번역한 사례에서 주로 나타난다.

① Although he had appreciated the tapes, he didn't want her telling him <u>what to do</u> by reminding him to follow my advice.(Men are from Mars, Women are from Venus p. 54)
비록 그 역시 그 테이프의 내용을 높이 평가하고 있던 터였지만 내가 시킨 대로 해보라는 말을 그녀로부터 듣고 싶지는 않았다(화성에서 온 남자 금성에서 온 여자 p.124).

번역내용이 모호하다. 대명사를 그대로 사용한 이유도 있지만, 여기에서는 'what'에 초점을 맞추자. 위에서 'What to do'로 바꿀 수 있는 건 의문사라고 했는데, 여기에서는 'What to do' 자체를 관계사로 파악하면서 문장이 헝클어졌다. 이렇게 바꿔야 한다.

> 남자 측에서는 테이프에 담긴 내용을 높이 평가하긴 해도 여자 측에서 나한테 들은 조언을 상기시키며 '이렇게 하라 저렇게 하라'고 지시하는 자체는 마음에 안 들었다.

사례를 더 보자.

> ② Langdon had harbored several fantasies about <u>what they might find inside this box</u>, but clearly he had been wrong every account. (The Da Vinci Code p. 126)
> 상자의 물건에 대해 랭던은 몇 가지 상상을 했다. 하지만 그의 상상은 모든 면에서 빗나갔다(다빈치코드 1권 p. 302).

소유격 '의'가 거슬리지만 'what'에 초점을 맞추자. 'what they might find inside this box'를 의문문 'what might they find inside this box?'로 바꾼 게 자연스럽다. 그렇다면 의문사니, '상자 안에 뭐가 있을까?'라는 의미다. 고치면 이렇다.

> 랭던은 상자에서 무엇이 나올까 이리저리 상상했으나, 모조리 어긋나고 말았다.

<소설에 자주 등장하는 표현>

① Septimus would have to stop <u>what he was doing</u> right away and listen.

여기에서 'what'은 'the thing which'로 바꿀 수 있다. 따라서 관계사니 위 내용은 '셉티무스는 하던 일을 당장 멈추고 귀를 기울여야 했다'가 맞는다.

② I don't know what I saw.

무엇을 봤는지 모르니까 의문사, 따라서 "내가 본 게 무언지 모르겠다"가 된다.

③ "And if you've ever seen any paintings by George's O'keeffe, you'll know exactly what I mean."
"조지아 오키프 그림을 한 번이라도 봤다면 내가 무슨 말을 하는지 즉시 알 수 있을 거야."(다빈치 코드 2권 p. 29)

그림을 봤다면 아는 거니까 what은 관계사인데 여기에서는 의문사로 번역했다. 관계사로 번역하면 "……내가 하는 말을 정확히 이해할 거야"다. 의미는 비슷해도 뉘앙스는 약간 다르다.

④ Queen Cerys didn't care <u>what anyone called her</u> <u>as long as they were polite</u>.(의문사)
예의만 갖추면 누가 뭐라고 부르든…….

⑤ no matter what Marcia said(의문사)
마르시아가 뭐라고 하든

⑥ Jenna does not like being told what she must do.(관계사)
제나는 누가 이래라저래라 시키는 걸 싫어한다.

⑦ ancient things even Marcia was not sure what to do with(의문사)
마르시아조차 사용법을 모르는 고대 물질

⑧ Helping him was what appeared to be a voluminous patchwork quilt.(관계사)
얼핏 보면 펑퍼짐한 누더기 누비이불이 옆에서 도와주는 것 같았다.

17장 접속사를 잘못 쓰면 한글이 이상하다

접속사는 문장과 문장을 이으면서 뉘앙스를 살린다. 하지만 번역
소설에는 접속사를 이상하게 처리해서 뉘앙스를 죽이는 사례가 많
다. 너무 쉽게 이해하고 처리한 결과다. 번역어투가 많이 나오는
and, or, but을 중심으로 접속사 용법과 사례를 살펴보자.

1) and(단순 열거, 대조, 역접, 강조, 화제전환, 연속동작, 조건, 인과
관계)

She had a pink nose and pink ears.
고양이는 코도 분홍색, 귀도 분홍색이었다.
(단순 열거: ~도, ~고, ~와/과, 그리고)

Harry is tall. And Zelda is short.
해리는 키가 크다. 그런데 젤다는 키가 작다. (대조 기능: 그런데)

He says he hasn't got a penny and he's driving
around in a new Porsche.
잭은 돈이 한 푼도 없다고 하면서도 신형 포르셰를 몰고 돌
아다녀. (역접 기능: 그런데도)

The man is mean and careless, and stupid.
그 사람은 비열하고 부주의한 데다가 멍청해.
(강조 기능: ~데다가, 게다가)

I was sent over to the grammar school, with a note
for one of the teachers, and you should have seen
the mess.
선생님 한 분한테 전달할 쪽지를 들고 문법학교에 갔다. 그
런데 그런 난장판이 없었다. (화제전환: 그런데)

I got close up and saw why.
나는 가까이 다가가서 원인을 살폈다.

She came in and took her coat off.
샐리가 들어오더니 외투를 벗었다.
(연속 동작: ~서, ~고, ~며, ~면서, ~하더니, 그리고)

Miss another class and you'll fail.
수업을 한 번만 더 빠지면 넌 낙제야.
(조건: 그러면, 그랬다간)

'We talked for hours.' 'And what did you decide?'

"우리는 몇 시간 동안 얘기했다."

"그래서 어떤 결정을 내렸나요?"

(앞 문장 전체를 받아내는 기능; 그래서)

He turned on the switch and the motor started.

해리가 스위치를 켜자 모터가 돌았다.

(인과관계; ~자, ~서, ~하면서)

2) or(선택, 의문, 부정문에서 내용열거, 경고, 충고, 동격어구 연결, 역접)

Give me liberty, or give me death!

자유가 아니면 죽음을 달라! (선택; 아니면)

I can't tell if it will rain or not.

비가 올지 안 올지 모르겠다. (의문; ~ㄹ는지)

There are people without homes, jobs or family.

집도 직업도 가족도 없는 사람이 있다.

(부정문에서 내용 열거; ~도)

It's a geology, or the science of the earth's crust.

지질학, 즉 지표면을 연구하는 학문이야.

(동격 어구 연결; 즉, 곧)

Turn the heat down or it'll burn.
불을 낮춰. 안 그러면 음식이 타. (경고, 충고; ~안 그러면)

He was lying - or was he?
그는 거짓말을 했어. 그런데 정말 그랬나? (역접; 그런데)

3) but(강한 역접, 대조, 강조)

It wasn't the red one but the blue one.
빨간색이 아니라 파란색이었어.
(강한 역접: 아니라, 하지만, 그러나)

He's not good - looking. But he's got brains.
해리는 미남이 아니야. 그런데 머리가 정말 좋아.
(대조: 그런데)

4) yet(강한 역접; 그렇지만, 하지만, 그러나, 그런데, 그런데도)

It's a small car, yet it's surprisingly spacious.
자동차가 작은데도 실내는 놀라울 정도로 널찍해.

5) however(강한 역접, 대조, 강조)

China, however, is now the world's second -
largest polluter.
그러나 지금은 중국이 오염물질을 세계에서 두 번째로 많이
배출한다. (강한 역접; 그러나, 하지만, 그런데)

The proliferation of prisons, however necessary, is no substitute for hope and order in our souls.

급속히 늘어나는 교도소는, 아무리 필요하다 해도, 인간이 갈망하는 희망과 질서를 대신할 순 없다.

(강조: 아무리 ~해도)

18장 문자부호에서 뉘앙스를 찾는다

영어가 우리말과 다른 특징 가운데 하나는 문장부호다. 영어는 문장 부호에 대한 규정을 통일했다. 그래서 작가는 독자를 작품으로 끌어들이기 위해 다양한 문장부호를 사용한다. 번역가한테는 그것을 우리말에 맞도록 번역하는 것 역시 중요할 수밖에 없다.

영어에서 문장부호가 발달했다면 한글은 부사나 접속사, 연결 어미 등이 발달했다. 영어 문장부호에 맞는 부사나 접속사를 찾아서 대체해야 한다. 우리말과 영어의 차이를 외면한 채 출발어에 있는 문장부호를 그대로 사용한다면 딱딱한 글이 나올 뿐 아니라 오역으로 이어질 가능성도 크다. (논문은 소수 전공자가 본다는 사실과 서양 지향성이 강하다는 특징 때문인지, 문장부호를 그대로 쓰는 경우가 많은데 소설은 아니다.)

콜론(:)
사례를 나타내거나 구체적인 내용을 열거할 때, 동격을 나타내거나 강조할 때, 보충하거나 부연해서 설명할 때, 인용할 때 사용한다. 앞 문장을 강조하면서 뒤 문장으로 연결하는 기능이다. 콤마보다는 강조 효과가 크고 세미콜론(;)보다는 분리 성격이 약하며 대시(-)보다는 문어체 성격이 강하다.

한글에도 쌍점이 있어서 비슷하게 쓰이는데 제약이 많아서 소설번역에는 사용하지 않는다. 출발어에 나오는 콜론을 앞뒤 문맥에 맞도록 한글로 풀어쓰는 게 좋다.

세미콜론(;)

앞뒤 문장의 인과관계를 나타낼 때, 연관성이 많은 문장을 연결할 때, 다른 문장부호로 인한 혼동을 막을 때, 접속부사 대신 계속되는 시간의 흐름이나 단계를 나타낼 때 사용한다. 기다란 문장에서 접속사 기능도 한다. 세미콜론이 나오면 그 뜻을 'because/but'으로 파악하고 앞뒤 문장의 인과관계를 살려서 번역하면 실수가 없다. 두 문장이 순접 관계라면 '~이고, ~이며, ~때문에, 그리고, 게다가' 등으로, 역접 관계라면 '~이나, ~이지만, 하지만, 반면에' 등으로 바꿔야 한다.

한글에서는 원래 쌍반점이라고 하며 쉼표의 일종으로 예를 들어 설명하거나 설명을 추가하는 경우에 사용하다가 지금은 안 쓰는 부호다. 전문서적에 주로 나타난다.

우리말은 소설에서 콜론과 세미콜론을 거의 안 쓰지만, 영어는 많이 쓰므로 그 용도와 차이점을 살펴서 우리말로 적절하게 번역하는 건 아주 중요하다. 콜론과 세미콜론을 비교할 때 가장 커다란 차이는 전자는 앞 문장을 부연해서 설명하는 것, 후자는 앞뒤 문장의 인과관계라는 사실이다. ('콜론 부연설명, 세미 인과관계' 하는 식으로 외워두면 좋다.) 예를 들어보자.

He reported the decision: we were forbidden to
speak with the chairman directly.
비서가 결정사항을 통보했다. 우리는 회장님이랑 직접 대화
할 수 없다는 내용이었다. (부연설명)

He reported the decision; we were forbidden to
speak with the chairman directly.
비서가 결정사항을 통보했다. 우리는 회장님이랑 직접 대화
할 수 없기 때문이다. (인과관계)

똑같은 문장이 완전히 다른 뜻으로 나오는 이유는 콜론과 세미콜
론 때문이다. 부연설명이라는 콜론의 기능은 앞에서 말한 내용을
부연해서 설명하고, 인과관계를 드러내는 세미콜론은 앞 내용이 나
오는 이유를 설명한다. 그래서 세미콜론은 접속사 'and'로 바꿀 수
있다. 따라서 세미콜론을 사용한 두 번째 문장은 'He reported the
decision and we were forbidden to speak with the
chairman directly'가 되기 때문에 위처럼 번역하는 거다.

대시(-)
기능 1)갑작스러운 단절 및 흐름 변화를 표시할 때 2)보충하거나
부연해서 설명할 때 3)동격을 나타내며 강조할 때 4)앞에서 길게 펼쳐
진 설명이나 말을 요약할 때 5)구체적인 사례를 제시할 때 6)단어를
생략하거나 문장 미완성을 나타낼 때 7)말을 더듬거나 머뭇거림을 나
타낼 때 사용한다. 극적인 효과를 발휘하는 경우가 많다.
한글에도 줄표가 있으나 1)앞 내용을 정정하거나 변명할 때 2)문
장 중간에 앞 내용을 보충하거나 부연해서 설명할 때 사용한다. 주로

앞 내용을 보완하는 기능이다.

1, 2번 기능은 줄표를 그대로 써도 무방하다. 중요한 건 줄표를 열면(‐) 다시 닫아야(‐) 한다는 사실이다. 하지만 줄표 자체를 생략하고 문맥에 맞춰서 두 문장으로 나누는 방법도 좋다.

3번 기능은 대시를 없애면 된다.

4, 5번 기능은 접속부사(그러나, 그러므로, 그러다가, 하지만, 다시 말하면, 예를 들면)나 '등'과 같은 의존명사로 바꾼다. 문장이 길면 두 개로 나눠도 된다.

6, 7번은 말줄임표로 바꾼다.

He reported the decision‐we were forbidden to speak with the chairman directly.
비서가 결정사항을 통보했는데 우리는 회장님이랑 직접 대화할 수 없다는 내용이었다.

앞에서 콜론과 세미콜론을 비교하며 사용한 문장이다. 대시는 콜론과 기능이 비슷한데 구어체 성격이 훨씬 강하다. 그래서 콜론 대신 대시를 넣으면 표현방식이 살짝 바뀐다.

큰따옴표(" ")

기능 1)대화문을 나타낼 때 2)강조할 때 사용한다.

1번 기능은 그대로 표기하고 2번 기능은 작은따옴표(' ')를 사용해야 한다. 국문법에서 대화는 큰따옴표, 인용 및 강조는 작은따옴표를 사용한다고 규정한다. 영문 소설에서 가끔 작은따옴표로 대화문을 나타낼 때가 있는데, 그대로 따르면 안 된다. 우리말에서 대화문 표기는 무조건 큰따옴표다.

영문 소설은 대화문이 길어서 문단을 바꿀 때 바꾸는 문단 제일 앞에 따옴표(")하나를 표기해서 계속 이어간다는 사실을 표기한다. 하지만 우리말에서 따옴표는 대화문이 아무리 길어도 시작할 때 한 번 열고 끝날 때 한번 닫는다는 게 다르다.

줄임표(……)

기능 1)화자가 당황했다는 사실을 나타낼 때 2)말을 더듬을 때 사용한다. 1번 기능은 말줄임표를 그대로, 2번 기능은 말을 더듬는 단어와 말줄임표로 표현하면 된다.

이탤릭체

기능 1)새로운 장을 시작할 때 2)갑자기 솟구치는 감정을 표현할 때 3)커다란 소리를 표현할 때 4)머릿속 생각이나 혼잣말을 할 때 사용한다. 한글에서는 특히 주의할 어구나 외국어, 학명 따위를 표시할 때 사용하므로 1, 2번 기능은 무시하고 3번 기능은 '쿵!' 처럼 소리 뒤에 느낌표(!)를 넣고 4번 기능은 작은따옴표(' ')로 처리하는 게 원칙이다(행 갈이를 하면 좋을 때가 많다). 예를 보자.

His breath caught in his throat, and he thought,
My God, she's dead!
해리는 숨을 꿀꺽 삼키며 생각했다.
'맙소사, 여인이 죽었어!'

Septimus would have to stop what he was doing
right away and *listen.*
셉티무스는 하던 일을 당장 멈추고 귀를 기울여야 했다.

접속부사 'however'

영어에서 'however'는 감초처럼 문장 앞이나 뒤나 중간에 자유롭게 등장하며 뉘앙스를 살리는 기능을 한다. 하지만 한글에서 접속부사는 문장 제일 앞에만 나와야 한다. 예문을 보자.

The rum, however, is not essential.
그런데 럼주가 꼭 필요한 건 아니다.
However, it is basic for most of the crusts.
하지만 껍질마다 그런 건 기본이다.

대화문 사이에 삽입한 지문

소설은 대화문과 지문으로 나타난다. 한글에서는 대화문을 큰따옴표(" ")로 표시하고 대화문 앞이나 뒤 혹은 새로운 행에 지문을 표시한다. 하지만 영어는 주어를 중시하는 특성 때문에 대화문 중간에 누가 말했다는 지문이 나온다. 그리고 소설번역서 대부분은 이런 특징을 그대로 살려서 한글에 담아 소설 흐름을 깨트리는 것으로 모자라 마치 화자가 바뀐 것처럼 묘사하는 오역까지 저지른다. 불행하게도 현재 한국에 나오는 번역소설 대부분은 이런 형식을 충실하게 지키는 언어 사대주의에 빠져들어 독자를 어렵게 하는데, 문제는 독자 자신도 어려운 걸 당연하게 받아들일 뿐 별다른 차이는 못 느낀다는 사실이다. 바람직한 번역방법은 아래와 같다.

1) 주어+동사가 삽입된 경우에는 대화문을 하나로 묶고 지문은 행을 바꿔서 대화문 앞이나 뒤에 두어야 한다.
"Good morning, Septimus," she said. "Do sit down."
"잘 잤니, 셉티무스? 어서 앉으렴."
마르시아가 말했다.

2) "Oh, dear," Aunt Zelda said with a sigh. "Oh, I do hope you'll be safe, Wolf Boy dear."

젤다 고모가 한숨을 내쉬며 말했다.

"아, 늑대소년아, 무사히 돌아오면 정말 좋겠구나."

3) 주어＋동사에 다른 동작이 첨가된 경우에는 대화문을 분리해서 표현한다.

"Good afternoon, Septimus," she said. "Do sit down." Marcia indicated the smaller but equally comfortable green chair on the other side of the desk. "I hope you slept well?"

"어서 와, 셉티무스, 자리에 앉으렴."

마르시아가 책상 앞에 있는 녹색의자를 가리키며 덧붙였다. 조그맣지만 마찬가지로 편안한 의자였다.

"잠은 잘 잤니?"

호칭

등장인물은 소설을 구성하는 핵심요소 가운데 하나다. 그런데 영어에서는 상대가 누구든 이름을 부르는 경우가 많다. 형식을 중시하는 관계에서는 성에다 Mr나 Sir, Miss, Mrs 등을 붙이고 친하면 이름을 부르는 식이다. (개중에는 이런 호칭 방식에 그 나라 문화가 담겼으니, 그대로 번역해야 한다고 주장하는 사람이 있다. 그렇다면 평어로 진행하는 영문 대화에 존칭을 넣는 이유는 무언가? 우리 문화에 담아내야 하기 때문이다. 이런 원칙은 호칭에도 그대로 적용된다. 번역은 다른 나라 문화를 우리 문화로 담아내는 것이고, 언어는 그 표현양식일 뿐이다.)

하지만 우리나라는 관계를 중시한다. 아들이 아버지나 할아버지 이름을 직접 부르는 경우는 현실적으로 없다. 회사에서는 직급에 따라 사장, 전무, 부장, 과장, 대리에다 성이나 존칭을 붙인다. 이름을 부르는 건 윗사람이 아랫사람을 부르거나 친한 동료 사이에 한정한다. 자신을 가장 중요하게 여기는 영어권 호칭 방식을 그대로 번역하면 안 되는 이유다. 본문에 나오는 호칭을 한국 분위기에 맞는 호칭으로 바꾸고 대화문도 거기에 맞추는 건 아주 중요하다.

'Come in! come in!' he sobbed. 'Cathy, do come.'
사내가 말했다.
"들어와! 들어와! 캐시, 들어오래도."

'폭풍의 언덕'에 나오는 장면이다. 캐시란 인물이 갑자기 등장한다. 앞에 나온 '캐서린'을 친밀하게 부른 호칭이다. 하지만 한국 독자는 이런 호칭이 어색해서 혼란스럽기만 하다. 다른 사람이 불쑥 튀어나온 느낌이다. 영미권에서는 처음에는 성을 부르고 웬만큼 친하면 이름을 부르고 더 친하면 애칭을 부르는데, 우리는 관계에 따른 호칭 하나로 통일하는 게 좋다. 게다가 sob을 담아내지 못했다. 이렇게 바꿔야 한다.

사내가 숨을 헐떡이며 말했다.
"들어와! 들어와! 캐서린, 들어오라고."

사례를 더 보자.

That answer pleased <u>the old gentleman</u>.
마지막 대답을 듣자 <u>로렌스 씨</u>는 기분이 좋아졌다.

위 문장은 '작은아씨들'에 나오는 장면이다. '로렌스 씨'란 표현이 밋밋하다. 로렌스 씨는 옆집 사내아이 '로리'네 할아버지로, 작은아 씨네 가족과 친하게 지낸다. 그래서 작은아씨들 모두 로리를 좋아하 고 할아버지를 'Mr. Lawrence'라고 부르며 존경하고 사랑한다. 그렇다면 '옆집 할아버지'나 '할아버지'라고 해야 한다. 손자 로리를 붙여서 '로리네 할아버지'라고 하는 방법도 좋다. 'the old gentleman'은 물론이고 'Mr. Lawrence'에는 어른에 대한 존경 심과 애정이 잔뜩 묻어나오기 때문이다. 'Mr.'란 호칭은 '씨' 이상의 다양한 의미를 담으므로 분위기에 맞는 한국 호칭을 찾는 건 정말 중요하다. 여기에서 'Mr.'를 단순하게 '씨'로 번역하는 건 내용을 해치는 오역일 수 있다.

도량 단위

한국을 비롯한 전 세계는 미터법으로 통일해서 쓰지만, 영국과 미국은 아직 자기네 단위체계를 고수하며 속도는 마일, 무게는 파운 드, 길이는 야드와 피트를 사용한다. 이것 역시 한국에서 쓰는 단위 로 바꿔야 한다. 번역소설을 보는 사람은 한국 독자니 말이다. 그런 데 문제는 표현 방식이다.

번역 소설을 보면 '1.6킬로미터'나 '160킬로미터', '90센티미터', '0.9리터', '1파인트'와 같은 표현이 자주 나온다. 본문에 1 mile, 100 mile, 3 feet, 2 pint 등을 우리 단위로 환산하면서 나온 표현이 다. 하지만 '1 mile, 100 mile, 3 feet, 2 pint' 등은 대충 말한 느낌인 데 국문 표기는 너무 구체적이다. 물론 거리나 부피를 구체적으로 측정 해서 나온 표현이라면 거기에 맞춰야 한다. 하지만 소설에선 느낌으로 대충 말할 때가 훨씬 많다. 대충 말한 느낌이 살아나도록 '1~2㎞', '150㎞ 정도', '대략 1m', '대충 1리터' 정도로 표기하는 게 옳다.

2부
실습 점검

1강 문단 바꾸기와 모으기

한겨레 문화센터에서 수업을 진행하며 수강생에게 내준 과제물이 속속들이 도착했다. 각자가 보낸 과제물에서 가장 많이 드러난 실수부터 하나씩 정리하겠다.

1. 문단 첫줄 들여쓰기

수강생 전체가 첫 번째 과제물에서 저지른 실수다. 절반은 '문단 첫줄 들여쓰기'를 아예 안 하고 나머지 절반은 커서를 누르는 식으로 들여쓰기했다. '문단 첫줄 들여쓰기'는 원고를 작성하는 기본이다. 여기에서 실수할 거란 사실은 상상도 못 했다. 번역작업은 대부분 '아래아한글' 프로그램으로 하는데, 거기에서 모양 → 문단 → 들여쓰기를 지정하면 처음부터 끝까지 문단 첫줄 들여쓰기를 실행할 수 있다. 책 한 권 전체로 치면 시간을 상당히 절약할 수 있다.

2. 대화 부분 처리하기 - 문단 바꾸기

화자가 이야기하는 경우에 영어와 한글은 문단 표기 방식이 다르다. 하지만 영문 표기 방식을 한글에 그대로 사용한 사례는 정말 많다. 독자가 이해하는데 그만큼 힘들 수밖에 없다. 언어는 문화의 산물이고 생각을 펼쳐나가는 수단이며, 우리 몸속에는 한글의 독특한 표기 방식이 녹아있다. 번역가한테는 쉬운 한글을 사용하려는 노력이 당연히 중요할 수밖에 없다. 그래야 좀 더 많은 사람이 편하게 이해할 수 있으니 말이다. 사례를 보겠다.

사례1) "Come in, Septimus." Marcia's voice drifted through the thick oak door.

사례2) "You've had a difficult week, Septimus," Marcia began. "Well, we all have. It is very good to have you back. I have something for you."

사례3) "Good afternoon, Septimus," she said. "Do sit down." Marcia indicated the smaller but equally comfortable green chair on the other side of the desk. "I hope you slept well?"

〈수강생이 번역한 방식〉

1) "들어오렴, 셉티무스." 마르시아의 목소리가 두꺼운 떡갈나무 문을 통해 들렸다.

2) "저번 주 힘들었을 거야." 마르샤가 말을 이었다. "하긴 우리 모두 힘들었지. 자네가 무사히 돌아와 정말 다행이야. 자네에게 줄 게 있네."

3) "안녕, 셉티무스." 마르시아가 말했다. " 자리에 앉으렴." 마르시아는 책상 반대편에 놓여있는 자신의 의자보단 작지만 편한 녹색의자를 가르켰다. "잠은 잘잤니?"

1, 2, 3 모두 문단 바꾸기를 안 했다. 화자의 동작과 표현내용이 한데 어울려서 혼란스럽다.
1은 국문 표기법에 맞다. 하지만 문단 바꾸기를 하면 여백이 생겨서 눈으로 보기에 편하다. 문단 바꾸기를 하는 편이 좋다.

"들어와, 셉티무스."
마르시아 목소리가 두터운 참나무 문짝을 뚫고 흘러나왔다.

하지만 2는 약간 복잡하다. 문단 바꾸기와 모으기를 해야 하니 말이다.

마르시아가 입을 열었다. (문단 바꾸기)
"너는 지난 일주일 동안 아주 힘든 시간을 보냈어. 아, 그건 우리도 마찬가지였어. 이렇게 돌아와서 정말 다행이야. 너한테 줄 게 있어." (문단 모으기)

영어는 '화자가 말했다' 는 표현을 중간에 넣어서 '화자가 한 말' 을 두 개로 나눈다. 여기에서는 'Marcia began' 이란 표현으로 대화체를 두 개로 나누었다. 주어를 중시하는 특징 때문이다. 하지만 한글은 주어를 중시하지 않는다. 우리가 일상적으로 사용하는 말 가운데에도 주어를 생략하는 경우가 많다. 마르시아가 한 말을 하나로 모으는 표기법이 우리말 어법에 적합하다.

3은 좀 더 복잡하다. 문단 바꾸기와 모으기 중간에 새로운 동작이 들어간다.

> "어서 와, 셉티무스, 자리에 앉으렴." (모으기)
> 마르시아가 책상 앞에 있는 녹색의자를 가리키며 덧붙였다.
> 조그맣지만 마찬가지로 편안한 의자였다.
> "잠은 잘 잤니?" (문단 바꾸기)

이렇게 표현하면 글이 한눈에 들어온다. 물론 원문에는 '덧붙였다'는 표현이 없다. 하지만 말을 잠시 끊었다가 다시 할 때는 이런 표현으로 연속성을 살려주는 게 좋다. 영어와 한글의 차이라고 할 수 있다.

3. 같은 단어 사용하기

이번 과제물 1장은 제목이 'Promotion'이다. 어려운 임무를 마치고 돌아온 주인공이 도제에서 일급도제로 승진하는 것이다. 그래서 수강생 한 분이 제목을 '승진'이라 하고 본문에서는 '승급'이란 표현을 사용했다.

> "너는 일급도제로 승급되었단다."

앞에서 '승진'이란 표현을 사용하면 여기에서도 '승진'이란 표현을 사용해야 한다. 그런데 문제가 또 있다. 원문은 이렇다.

"I am making you Senior Apprentice."

'승급'이란 표현 자체가 없다. 그것을 한 분은 이렇게 표현했다.

"자넬 나의 <u>수석 제자</u>로 임명하네."

원문에 조금 더 가깝다. 하지만 여기에도 문제가 있다. 이 분은 앞에서 주인공을 '수제자'라고 표현했다. 그런데 지금 새삼스럽게 '수석 제자'로 임명한다면 어떻게 될까? '수제자'나 '수석 제자'는 같은 뜻인데 말이다. 당연히 혼란스럽다.

주인공은 ExtraOrdinary Apprentice이다. 특별 도제를 나타낸다. 특별 마법사의 도제란 의미이다. 그렇다면 '일급 도제'라고 표현하는 게 좋다. 일급 도제가 되면 1년 안에 졸업한다는 설명이 바로 뒤에 나온다. 그럼 독자는 연상 작용을 통해 '특별 마법사의 일급 도제'를 떠올리면서 특별 도제에서 승진한 것으로 이해한다. 따라서 이렇게 번역하는 게 좋다.

"이제부터 너는 일급 도제야."

하나 더 짚고 넘어가자. 영어권에서는 사람을 부르는 호칭이 다양하다. 친하지 않은 사람은 성으로 부르고 친한 사람은 이름을, 아주 친한 사람은 애칭으로 부른다. 가정이든 직장이든 마찬가지다. 한 인물에 대한 호칭이 분위기에 따라 변한다. 문학작품에서도 이런 특징은 그대로 나타난다. 문학적으로 묘하게 바꿔서 사용하기도 한다. 하지만 한국에서 부르는 호칭은 관계에 따라 비교적 일정하게 나타난다. 따라서 원문에 나타나는 호칭을 그대로 표기하면 독자는 혼란스러울 수밖에 없다. 완전히 다른 사람처럼 느껴지기 때문이다. 한 인물을 다양하게 부르는 호칭은 하나나 두 개 정도로 통일시키는 게 아주 중요한 이유다. 독자가 혼란스럽지 않은 선에서 분위기에 따라 변화를 주는 정도로 말이다.

번역작업을 하다 보면 현재 분위기에 빠져서 예전에 사용한 호칭을 잊을 때가 많다. 고유명사를 다르게 표기하는 경우도 있다. 그래서 작품의 일관성과 통일성을 깨뜨린다. 항상 주의해야 한다. 초역을 끝내고 번역 원고를 마지막으로 살필 때 흔글 프로그램의 '도구 → 맞춤법' 그리고 '편집 → 찾아 바꾸기' 기능을 이용하면 도움이 된다.

4. 쉼표가 너무 많아

영어에서 가장 중요한 건 주어와 동사다. 원칙적으로 주어＋동사가 없으면 문장이 안 된다. 하지만 영어에서도 주어가 계속 나오면 중복이 심해서 지겨울 뿐 아니라 문장 특유의 감칠맛도 안 나기 때문에 문장 두 개 이상을 하나로 묶으면서 주어를 한 번 사용하고 나머지는 생략할 때가 많다. 바로 이때 사용하는 기법이 쉼표다.

하지만 한글은 주어 자체를 그냥 생략하는 경우가 많다. 따라서 두 개 이상의 문장이나 동작을 묶을 때 쉼표를 사용하면 오히려 흐름이 끊기면서 딱딱한 느낌이 들곤 한다. 한글은 기다란 문장에서 혼동을 줄일 때 마지못해 사용하는 게 쉼표다. 가능하면 쉼표를 안 쓰면서도 복잡하지 않은 문장을 만드는 게 좋겠지만 말이다. 물론 개중에는 영어 원문에 있는 쉼표를 모두 그대로 찍어야 한다고 주장하는 전문가도 있다. 하지만 번역은 외국어를 한글로 바꾸는 과정이며 그걸 보는 독자 역시 한국인이다. 한글 특징에 맞도록 바꾸는 게 좋다. 그래야 독자가 편하게 읽는다.

5. 의역이 너무 심해

이번 과제물에서 수강생한테 일반적으로 나타난 현상은 의역이 너무 심하다는 사실이다. 원문 파악이 안 될 경우에 의역이 특히 많았다. 그러다가 오역으로 이어진다. 대표적인 사례를 보겠다.

> He didn't know what to say. But Marcia did.
> 1) 그는 뭐라고 말해야할지 몰랐다. 그러나 마르시아가 말했다.
> 2) 할 말조차 생각나지 않았다. 그때 마샤가 말했다.
> 3) 무슨 말을 해야 할지 몰랐다. 하지만 마르시아는 말을 이어갔다.
> 4) 너무 감격스러워서 말이 나오지 않았다. 마르샤는 말했다.
> 5) 무슨 말을 해야 할지 몰라 멍하니 서있을 뿐이었다. 마르샤가 먼저 입을 열었다.
> 6) 뭐라고 말해야 할지 몰랐다. 하지만 마르시아가 말했다.

본문은 하나인데 표현방식은 정말 다양하다. 'did'라는 대동사를 놓치면서 다양하게 의역한 결과다. 'But Marcia did'란 문장은 'did'란 대동사로 'knew what to say'를 담아서 속도감을 높인 것이다. 따라서 원문을 그대로 직역하면 이렇게 된다.

'그는 무슨 말을 할지 몰랐다. 하지만 마르시아는 알았다.'

직역으로 원문의 속도감을 그대로 살렸다. 작가는 작품을 쓸 때
세련한 문장으로 사건을 전개해서 독자가 감칠맛을 느끼며 최대한
재미있게 읽도록 하려고 노력한다. 그걸 검증한 원고를 책으로 출간
하는 거다. 게다가 베스트셀러라면 그 맛은 훨씬 뛰어나다. 원문에
담긴 맛을 원작자의 숨결까지 그대로 담아내는 게 바로 직역이다.
의역은 원문보다 더 멋있게 표현할 수 있을 때 하는 거다. 하지만
수강생들은 대동사를 놓치면서 의역이나 오역으로 이어지고 그래서
원문의 감칠맛도 사라졌다. 이런 문제는 수강생들한테 지속해서 나
타난다. 사례를 하나 더 보겠다.

Septimus sat up, suddenly awake.
1) 셉티무스는 잠에서 확 깨어 일어나 앉았다.
2) 셉티무스는 갑자기 잠에서 깨어 일어나 앉았다.
3) 침대에서 몸을 일으키자 잠이 확 달아났다.
4) 셉티무스는 잠에서 확 깨어나 자리에 앉았다.
5) 정신이 난 듯 벌떡 일어나 앉았다.
6) 셉티무스는 정신이 번쩍 들어 상체를 일으켜 세웠다.
7) 갑자기 잠이 달아난 셉티무스는 벌떡 일어났다.

이번에도 다양한 표현 방식을 볼 수 있다. 주인공이 늦잠을 자다가
대충 깨어나서 게슴츠레한 눈으로 주변을 둘러보며 창문으로 들어오
는 햇살을 만끽하다가 갑자기 중요한 사실을 떠올리는 장면이다.

저자는 그것을 단어 다섯 개로 표현하며 속도감과 긴박감을 살렸다. 직역을 해보자.

셉티무스는 일어나 앉았다. 잠이 확 달아났다.

물론 위에서 한 번역과 내용은 비슷하다. 간단한 문장이니 말이다. 하지만 생동감이 다르다. 이걸 감칠맛이라고 한다. 바로 이게 독자를 작품 속으로 깊이 빨아들이는 힘이다. 원작의 생동감을 번역에서 지우면 안 된다.

이번에는 약간 기다란 사례를 보자.

Among the pots Septimus saw his brother Simon's pride and joy—a wooden box with *Sleuth* written on it in Simon's loopy Heap handwriting. Septimus could not help but glance out of the tall, narrow window. He loved the view from Marcia's study—a breathtaking vista across the rooftops of the Castle to the river and beyond that to the green slopes of the Farmlands. Far, far in the distance he could see the misty blue line of the foothills of the Badlands.

번역 사례) 그 유리 단지들 중에서 형인 사이먼의 자부심과 기쁨을 보았다. 그것은 나무 상자였는데, 사이먼이 휘갈겨 쓴 힙 가문의 필체로 '추적공'이라는 글자가 쓰여 있었다. 이어서 셉티무스는 높고 좁다란 창밖을 흘긋 내다보지 않을 수 없었다. 마르시아의 서재에서 내려다보이는 풍경이 좋았

기 때문이다. 성의 지붕 꼭대기를 가로지르고 강을 너머 농
장지대의 푸르른 경사지에 이르는 풍경은 실로 장관이었다.
멀리, 아주 멀리서 황무지 언덕이 파랗고 희미한 윤곽을 드
러내고 있었다.

이 사례에서 몇 가지 문제가 보인다. 하지만 여기에서는 '의역'에
한해서 지적하겠다. 원문에서 주인공은 스승의 서재에 들어가 주변
을 둘러보다가 형이 좋아하던 물건을 발견한다. 하지만 형은 악마의
사주를 받고 활동하다가 추방당한 상태다. 비록 나쁜 일을 저지른
형이지만 가족의 정은 어쩔 수 없다. 아쉽다. 자신이 해결할 수 있는
문제도 아니다. 그래서 시선을 돌리는 것으로 아쉬운 마음을 나타내
다가 주변 경관 묘사로 자연스럽게 넘어간다. 주인공과 스승의 관계,
형제애, 아쉬운 마음, 주변 풍경 등을 담아낸 탁월한 문단이다. 하지
만 번역 사례는 혼란스럽다. 한눈에 안 들어온다. 직역을 해보자.

유리단지 사이에서 큰형 사이먼의 자부심과 즐거움이 — 큰
형이 힙 가문 특유의 어설픈 필기체로 추적공이라고 쓴 나무
상자가 — 보였다. 셉티무스는 높고 좁다란 창문 밖으로 시
선을 돌릴 수밖에 없었다. 서재에서 바라보는 경관이 — 성
에서 화려하게 펼쳐지는 건물 지붕을 넘고 강을 지나서 사방
이 푸르른 농장지대로 뻗어 나가는 놀라운 경관이 — 정말
대단했다. 멀리, 아주 멀리서 파랗게 뻗어 나간 저지대 산기
슭이 희미하게 보였다.

Marcia's study는 서재로 간단히 표기했다. 마르시아 서재란
표현이 앞에 나오기 때문이다.

248

붙임표가 눈에 거슬린다면 이렇게 할 수도 있다.

유리단지 사이에서 큰형 사이먼의 자부심과 즐거움이 보였다. 힙 가문 특유의 어설픈 필기체로 큰형이 추적공이라고 쓴 나무상자였다. 셉티무스는 높고 좁다란 창문 밖으로 시선을 돌릴 수밖에 없었다. 서재에서 바라보는 경치는 정말 대단했다. 성에서 화려하게 펼쳐지는 건물 지붕을 넘고 강을 지나서 사방이 푸르른 농장지대로 뻗어 나가는 놀라운 경관이 한눈에 들어왔다. 멀리, 아주 멀리서 파랗게 뻗어 나간 저지대 산기슭이 희미하게 보였다.

개중에는 이것을 의역이라고 주장하는 사람도 있다. 직역은 영어의 특징을 그대로 담아서 한글로 옮긴 것이며 의역은 영어를 한글에 맞게 번역한 것이라고 여기는 거다. 하지만 나는 생각이 다르다. 전자는 독해일 뿐 번역이 아니다. 번역하는 사람이라면 직역과 의역의 개념이 달라야 한다. 실제로 원작자는 (그리고 편집자는) 문장의 감칠맛을 살리기 위해 엄청난 노력을 한다. 그래서 세련한 문장이 나온다. 그것을 한글 특징에 맞게 그대로 살려내는 것이야말로 가장 훌륭한 번역이 아닐 수 없다. 영어의 특징을 그대로 담아서 한글로 옮긴 건 번역이 아니라 독해다. 한글의 가면을 쓴 외국어다. 국내에 번역 출간한 소설 대부분이 아직 이 수준을 못 벗어난다는 건 불행한 현실이 아닐 수 없다. 번역은 번역자가 이해한 내용을 독자도 그대로 이해하도록 하는 것이고 독해는 자신을 비롯해 소수 관련자만 이해하면 된다. 차원이 다르다.

2강 보편적인 표현을 찾아서

1. 작품에 등장하는 지명 표기

"See . . . here's Snake Ditch to Double Drain.
Double Drain to the Doom Sludge Deeps. Doom
Sludge Deeps to the Broad Path. Broad Path to the
reed beds. Reed beds to the Causeway."

본문 내용이다. 지명이 많이 나온다. 판타지 특유의 분위기를 살리기 위해 작가가 재미있는 지명을 만들어 냈다. 한 아이가 어려운 심부름을 가면서 잘 다녀올 수 있다는 사실을 증명하기 위해 할머니한테 지도를 보여주는 광경이다.

수강생이 번역한 사례를 보자.

1) "보세요……. 이건 스네이크 디치Snake Ditch에서 더

블 드레인Double Drain까지구요. 이건 더블 드레인에서
둠 슬러지 딥스Doom Sludge Deeps. 이건 둠 슬러지 딥스
에서 브로드 패스Broad Path까지. 또 이건 브로드 패스에
서 리드 배즈Reed Beds. 이건 리드 배즈에서 코즈웨이
Causeway까지다."

영문 발음에 원문 표기까지 실었다.

    2) "어디 보자... 이건 뱀 배수로부터 이중 배수관까지고요.
이건 이중 배수관부터 깊은 파멸의 진창까지고, 깊은 파멸
의 진창부터 넓은 길까지는 여기 있다. 넓은 길부터 갈대
군락지까지, 그리고 갈대 군락지부터 둑길까지도요."

"부터~까지"가 너무 많다. '배수관'이란 표현도 문제다. 배수로
랑 차이가 없다.

    3) "보세요....... 이건 뱀 도랑에서 이중배수구까지 가는
지도구요. 이건 이중배수구에서 죽음의 진흙 구렁텅이까지
지도. 이건 죽음의 진흙 구렁텅이에서 넓은 길. 이건 넓은
길에서 갈대밭. 그리고 이건 갈대밭에서 둑길 지도."

"에서~까지"와 "지도"가 너무 많다.

    4) "보세요……. 뱀 도랑에서 이중 배수로, 이중 배수로에서
운명의 진흙 수렁, 운명의 진흙 수렁에서 넓은 길, 넓은 길에
서 갈대밭, 갈대밭에서 둑길까지 전부 다 있잖아요."

1번은 영문 발음에다 원문 표기까지 했다. 이런 방식은 기술서적이나 학술서적을 번역할 때 필요할 수 있다. 그걸 볼 사람은 해당 분야의 전문가거나 지망생일 테니 정확한 표기가 중요하다. 하지만 소설은 일반 독자를 대상으로 한다. 정확한 표기보다는 작품 분위기를 살리면서 재미있게 표기하는 게 중요하다.

2번은 표현에 문제가 있다. "부터 ~ 까지"가 너무 많이 들어간다. 그리고 "뱀 배수로부터 이중 배수관까지"란 표현에서 배수로와 배수관의 차이가 애매하다. 게다가 문명의 흔적이 거의 없는 광활한 습지에 "배수관"이 있을 수 없다. 3번 역시 "에서 ~ 까지 가는 지도"란 표현이 너무 많다.

이 부분만 놓고 볼 때 원문의 세련미와 재미를 살린 건 바로 4번이다. "전부 다 있어요"에서 "전부"나 "다" 가운데 하나를 빼주면 더 보기 좋다. 그런데 문제는 화자가 주머니에서 지도를 꺼내 손가락으로 짚으며 말한다는 점이다. 앞에서 묘사한 동작과 연결해서 표현해야 한다. 게다가 원문에는 "전부 다"란 표현 자체가 없다. 직역하면 이렇게 되겠다.

"보세요…… 뱀 도랑에서 이중 배수로. 이중 배수로에서 운명의 진흙 수렁. 운명의 진흙 수렁에서 넓은 길. 넓은 길에서 갈대밭. 갈대밭에서 둑길."

사례를 하나 더 보자. 지명 표기를 제대로 안 해서 문장의 맛을 떨어뜨린 사례다. 본문과 대표적인 번역 사례 두 개를 보겠다.

Beyond the Mott/ stretched the wide open flatness
of the Marram Marshes, crisscrossed with long,

winding ditches and channels, treacherous oozes, mile-deep mires and containing many strange— and not always friendly—inhabitants./

1) 모트 너머 넓고 고르게 활짝 펼쳐진 물대 습지에는 길고 구불구불한 도랑이며 수로, 위험한 늪, <u>2킬로미터는 족히 되는 진창</u>이 가로놓여 있었고 괴상하고 늘 우호적이진 않은 수많은 생물체가 살고 있었다.

"2킬로미터"란 표현이 걸린다.

2) 모트 너머 편평한 마람 습지가 아득하게 펼쳐진다. 길고 구불구불한 도랑과 수로, 위험한 진흙땅과 <u>깊이가 몇 리나 되는 진창길</u>이 어지럽게 이어지고, 때로는 우호적이고 때로는 적대적인 기괴한 생명체가 그 속에 무수히 터를 잡고 있다.

"몇 리"란 표현이 걸린다.

본문에 등장하는 'Mott'와 'Marram Marshes' 역시 작가가 만든 고유명사 가운데 하나다. 사전에 없다. 물론 'Marshes'는 습지라는 뜻이니까 '마람 습지'는 혼란스럽지 않다. 하지만 1번 사례처럼 '물대 습지'라고 하면 더 좋다. 문제는 '모트'라는 표현이다. 이게 무슨 뜻인지 애매하다. 늪지의 일부는 분명한데 말이다.

이런 경우에는 분위기에 맞는 한글 표현을 찾아서 번역해야 한다. 독자한테 알아서 그 뜻을 파악하라고 할 순 없지 않겠는가!

그리고 "2킬로미터는 족히 되는 진창"이라는 표현은 길이가 그렇다는 뜻 같고, "깊이가 몇 리나 되는 진창길"이란 표현은 영어의 과학성을 드러내는 부분이다. 원문은 'mile - deep mires' 이다. "끝없이 깊다"는 의미를 그렇게 표현한 거다. 실제로 깊이가 2㎞는 족히 되는 깊은 진창을 누가 직접 들어가서 확인했겠는가? 오랜 경험상 그곳에 빠져서 살아난 생명체는 없다는 의미다. 두 가지 문제를 모두 해결하는 차원에서 이렇게 번역하면 어떨까?

> 개울 너머로 광활한 물대 습지가 펼쳐진다. 이리저리 얽히며 기다랗게 굽이치는 개울과 수로, 위험한 수렁, 바닥을 알 수 없는 진창이 있고, 가끔은 사람까지 공격하는 이상한 짐승이 출몰한다.

2. 시제가 마법을 부린다

영어가 우리말과 가장 많이 다른 것 가운데 하나는 바로 시제다. 영어는 시제 자체로 많은 걸 얘기하는데 우리말은 원칙적으로 현재형만 존재한다. 내가 '영어를 과학적인 언어, 우리말을 감성적인 언어'라고 주장하는 이유 가운데 하나다. 한국인이 영어를 어려워하는 이유 역시 시제 때문이라고 할 수 있다. 이런 특징은 수강생한테도 그대로 드러난다. 사례를 보자. 유령을 친근하게 묘사하는 장면이다. "she"는 유령을 뜻한다.

She was—or had been—a young Queen.
1) 유령은 젊은 여왕이었다. 혹은 예전에 여왕이었다.
2) 그 유령은 젊은 여왕이었다.
3) 그녀는 젊은 여왕이었다.─아니면 오래 전에 그랬다.

* 마침표를 하고 하이픈을 열었다. 이런 경우에는 말줄임표
  (……)나 쉼표로 표시해야 한다.

4) 유령은 어린 여왕이었으며, 아니면 훨씬 이전에 어린
   여왕이었다.

5) 젊은 여왕이었다. 아니 예전에 그랬었다.

  * "그랬었다"는 대과거까지 등장했다.

6) 한때는 여자였던 그 유령은 어린 여왕이었다.

  * 여왕이니까 당연히 여자다. 불필요한 서술이다.

7) 바로 젊은 여왕이었다. 한때 살아 있던 젊은 여왕.

  본문 뉘앙스를 살린 사례가 하나도 없다. 아주 어려웠다는 의미다.
그래서 의역을 하다가 오역으로 나아간 사례까지 보인다. 1강에서
직역의 중요성을 그렇게 강조했는데 말이다. 시제가 그만큼 어렵다
는 것이다.
  영문 소설은 장면 묘사를 주로 과거형으로 한다. 여기에 대과거가
들어왔다는 건 옛날에 그랬다는 뜻이다. 본문을 두 문장으로 나누면
이렇게 된다.

  She was a young Queen. She had been a young
  Queen.
  유령은 젊은 여왕이었다. 유령은 예전에 젊은 여왕이었다.

  여기에서 작가는 붙임표를 사용해 중복을 피하면서 문장의 세련미
를 살렸다. 번역가는 그걸 살려서 한글로 표현해야 한다. 그래야
감칠맛이 살아나서 독자가 읽는 재미를 느낀다. 본문을 직역하면
"유령은 젊은 여왕이었다, 예전에는"이라고 할 수 있다. 그런데 한글

은 주어를 생략할 때가 많다고 했으니, 앞에서 유령에 대해 묘사하는 도중에 이런 문장이 나왔다면 어떻게 해야 한글을 더 살릴 수 있을까? 주어를 과감하게 생략하면 된다.

"젊은 여왕이었다, 예전에는."

다른 사례를 한 번 더 보자. 아래에 본문과 번역 사례를 나란히 실었다.

It was a bright, blustery spring day / in the Marram Marshes. the wind had blown away the early-morning mist/ and was sending small white clouds /scudding high across the sky. the air was chilly; it smelled of sea salt, mud and burned cabbage soup.
In the doorway of a small stone cottage/ a gangly boy/ with long, matted hair/ was pulling a backpack/ onto his broad shoulders. Helping him was /what appeared to be a voluminous patchwork quilt.
"Now, you are sure /you know the way?" the patchwork quilt was asking anxiously.
번역 사례) 맑은 봄날 마람 습지에 바람이 거세다. 거센 바람으로 새벽이슬은 온데간데없고 하늘 높이 흰 구름이 점점이 흩어져 빠르게 흘러간다. 공기가 차갑다. 짠 바다 냄새, 진흙 냄새, 양배추 스프 탄 냄새가 뒤섞여있다.

멀쑥한 키에 깡마른 소년이 헝클어진 머리를 길게 늘어뜨린 채 돌로 만든 작은 오두막집 입구에 서서 넓은 어깨에 배낭을 멨다. 흡사 여러 개의 천을 덧대어 만든 이불처럼 보이는 무엇인가가 소년을 거들었다. 그러고는 걱정스럽게 물었다.

깔끔한 번역이다. 하지만 몇 가지 문제가 보인다. 첫 번째 문단에서 "냄새"라는 표현을 반복하면서 늘어지는 느낌을 준다. 하지만 현재형 묘사가 신선하다. 그런데 문제는 다음 문단에서 과거형이 다시 등장한다는 사실이다. 변화가 없는 장면을 현재형으로 묘사하는 건 한글을 제대로 안다는 의미다. 하지만 날씨 같은 건 변화가 많다. 뒤에서 과거형으로 돌아가려면 앞에서도 과거형을 사용해야 한다. 한글 특징을 살려서 굳이 현재형을 사용하고 싶다면 출판사 편집부와 상의해서 결정하고, 작가가 과거형으로 묘사한 부분을 모두 현재형으로 바꿔야 한다. '여러 개의 천을'이란 표현은 '천 여러 장을'이라고 했다면 정말 훌륭한 번역이라고 할 수 있다. 소유격 "의"가 들어가는 건 일본어 어투라서 한글에 들어가면 늘어지는 느낌을 주면서 흐름을 끊는다.

사례를 하나 더 보자. 과거형으로 묘사하던 장면에 현재형이 등장한다. 소년이 먼 길을 떠나고, 젤다 고모할머니는 가만히 서서 오랫동안 지켜보는 장면이다.

She watched, shading her old eyes against the light that came from the vast skies above the Marram Marshes, the light uncomfortably bright even on an overcast day.
1) 젤다는 물대 습지 위 광활한 하늘에서 내려오는 빛을

피해 늙은 눈을 가리고 지켜보았다. <u>흐린 날인데도 빛은 불편할 정도로 밝았다.</u>

2) 매럼 습지 위에 드넓게 펼쳐진 하늘에서 햇빛이 쏟아져 내리자 나이든 눈을 손으로 가리는 동안에도 울프보이에게서 시선을 떼지 않았다. <u>날은 잔뜩 흐렸지만 햇빛은 견딜 수 없이 강렬했다.</u>

3) <u>흐린 날씨인데도 짜증날 정도로 눈부신 햇살이 드넓은</u> 하늘에서 마람 습지로 쏟아진다. 젤다 고모할머니가 늙은 눈동자 위로 손을 가져가 햇살을 가렸다.

4) 마람 습지 위로 거대한 하늘<u>에서부터 비춰지는</u> 빛에 맞서 그늘지게 만든 눈으로 그녀는 바라봤고, <u>그 빛은 어두운 날인데도 불쾌할 정도로 빛나고 있었다.</u>

  * 이중조사에다 수동태가 나왔다. 둘 다 피해야 한다. '~에서부터'는 '에서' '비춰지는'은 '비추는'으로 바꿔야 한다.

5) 젤다는 마람 습지 위의 광대한 하늘에서 비추는 빛을 가리기 위해 손 그늘을 만들어 소년을 바라보았다. <u>그 빛은 흐린 날임에도 불구하고 불길하게 비추었다.</u>

뭔가 이상하다. 흐릿하거나 어두운 날인데 햇빛은 손으로 눈을 가려야 할 정도로 환하다. 상식적으로 볼 때, 손으로 눈을 가릴 정도로 햇빛이 강렬하면 흐리거나 어두운 날이 아니다. 판타지라서 상식이랑 다른 건가?

아니다. 판타지도 상식을 근거로 한다. 유령과 용과 신기한 마법 같은 전설적인 내용이 나오지만, 그것 역시 상식이라는 틀을 안 벗어난다. 수강생들이 시제를 잘못 보아서 생긴 문제다.

앞에서 watched, came이라는 과거형이 나오다가 쉼표 뒤에서 갑자기 bright라는 현재형이 나온다. 저자가 여기에서 현재형을 쓴 이유는 경향성을 나타낸 거다. 흐린 날에도 불편할 정도로 환한 물대 습지의 특징이 바로 그것이다. 지금 날씨가 흐리다는 뜻은 아니다. 흐린 날에도 햇살이 강렬하니, 안 흐린 지금은 얼마나 강렬하겠는 가? 그렇다면 이렇게 번역할 수 있겠다.

물대 습지 위로 펼쳐진 광활한 하늘에서 햇살이 쏟아졌다. 젤다 고모할머니는 두 손으로 햇살을 막으며 바라보았다. 흐린 날조차도 햇살이 불편할 정도로 강렬한 물대 습지다.

위에서 번역한 내용과 의미가 다르다. 위에서는 소년이 흐린 날에 먼 길을 떠나고 아래에서는 맑은 날에 떠난다. 미묘한 차이가 이렇게 몇 번 나오다 보면 결국엔 삼천포로 빠진다. 영어에서는 오랜 경향이나 진리를 나타낼 때 현재형으로 묘사한다는 사실을 명심하라. 한글과 영어의 차이를 잘 보여주는 사례를 하나만 더 다뤄보자.

(Aunt Zelda was stuck.) She didn't want to admit it, but she was.
번역 사례) (젤다 고모할머니는 꼼짝달싹 하지 못했다.) 그 사실을 인정하고 싶지 않았지만, 어쩔 수 없었다.

한 문장에 과거형이 두 개나 나온다. 'didn't want'와 'was'다. 그래서 '않았다'와 '없었다'는 표현이 나온 거다. 하지만 한글은 원칙적으로 시제가 없다. 원문 때문에 과거형을 쓰는 것뿐이다. 영어에는 '시제일치 원칙'이 있다. 영작문에서 가장 중시하는 원칙 가운데 하나다. 위에서 언급한 것처럼 갑자기 대과거가 나오거나 현재형이 나오면 뜻이 달라진다. 하지만 한글은 안 그렇다.

* 인정하고 싶지 않았지만, 어쩔 수 없었다.
* 인정하고 싶진 않지만 어쩔 수 없었다.

위 문장 가운데에서 우리가 평상시에 사용하는 표현은 어떤 걸까? 그렇다, 두 번째다. 한 문장에서 과거시제가 두 번 이상 나오면 한글이 딱딱하게 변한다. 과거시제를 한 번만 쓰고 나머지는 현재형으로 바꿔야 한다는 사실을 명심하라. 간단하지만 중요한 내용이다.

3. 명사에는 짝이 있다

명사에는 상대 개념이 있다. 한쪽은 다른 쪽을 전제로 한다. 여자가 있으면 남자가, 자식이 있으면 부모가, 피조물이 있으면 창조주가, 유령이 있으면 인간이 있는 식이다. 여기에서 어긋나면 이상한 번역이 된다. 사례를 두 개만 보자.

사례1) "Yes. I is here," said the creature. He regarded Aunt Zelda grumpily/ from his large brown eyes. "I is here *asleep*. Or so I thought."
<u>피조물</u>은 그렇게 말하며 커다란 갈색 눈으로 젤다 아줌마를 불만스럽게 쳐다보았다.

말이 이상한 걸 보면 평범한 인간은 아니다. 작가 역시 the creature라고 표현했다. 그래서 번역물에서는 피조물이라고 표현한

다. 하지만 이런 표현은 창조주를 전제로 할 때만 성립한다. 문제는 본문에서 창조주가 한 번도 안 나온다는 거다. 그런데 앞에서 the creature를 '보가트'라고 부르는 장면이 나온다. 이름이다. 다른 설명은 없다. 머리가 물개처럼 생겼다는 게 전부다. 작가는 the creature라는 표현으로 다양성도 살리면서 보가트가 이상한 짐승(?)임을 강조한 거다. 이럴 때는 '보가트'라고 번역하는 게 가장 안전하다. 그러면 독자 역시 이상한 생명체라는 걸 느낄 수 있다. 물론 저자의 의도를 더 구체적으로 살릴 수 있는 표현이 있으면 좋겠지만 그렇지 않을 때는 작품 흐름이라도 살리는 게 중요하다. (100점짜리 번역을 하려다가 60점 이하로 떨어지는 경우를 숱하게 보았다.)

사례2) Queen Cerys settled back to her contemplation of the fire, musing to herself that it was strange how <u>Living beings</u> changed so rapidly.

1) 어떻게 <u>생명체</u>가 그렇게 빨리 움직일 수 있는지 이상하다고 생각하며 불 속으로 사색에 잠겼다.
2) 세리스 여왕은 의자에 기대앉아 <u>살아있는</u> 생명체가 어떻게 그토록 빨리 변할 수 있는지 의아해하며 불을 바라보며 다시 생각에 잠겼다.
3) 세리스 여왕은 다시 골똘히 불을 응시했다. 가만히 생각해보니 <u>살아 있는</u> 존재가 그렇게 빨리 이동하다니 이상했다.
4) 세리즈 여왕은 등을 기대고 앉아 그 불을 응시하면서, <u>살아 있는 것들</u>이 어떻게 이리도 빨리 변하는지 이상하다며 혼자 사색에 잠겨 중얼거렸다.

5) 세리스 여왕은 하던 대로 다시 불속을 응시하는 동안에 <u>생명체</u>가 어쩜 그리 빨리 변할 수 있는지 의아해했다.

6) 케리스 여왕은 편안한 자세로 기대어 불을 응시하며, <u>생물</u>이 그렇게 빨리 변신한 방법은 이상하다고 골똘히 생각했다.

7) 케리스 여왕은 의자에 깊숙이 앉아 불꽃을 응시한 채, <u>산 사람</u>이 어쩌면 저토록 빨리 변할 수 있는지 의아해했다.

이번에는 원문에 나오는 Living beings 하나만 검토하겠다. 앞에서 언급했듯이, 세리스 여왕은 유령이다. 오래전에 만난 적이 있는 사람을 보고서 그 느낌을 떠올리는 장면이다. 그런데 상대가 너무 뚱뚱하게 변해서 이상하다. 자신은 조금도 안 변했는데 말이다. 유령의 시각으로 살아있는 인간의 변화를 바라보는 거다. 따라서 Living beings는 유령을 전제로 번역하는 게 옳다. "살아있는 인간" 이라고 해야 한다. 그럼 위 문장 전체를 번역해 보자.

체리스 여왕은 불을 바라보며 다시 깊은 명상에 잠겼다. 살 아있는 인간은 어떻게 저리도 빨리 변하는지 정말 이상하다 는 생각이 들었다.

4. 이어가는 동작을 번역하기

동작을 이어가면 문장이 길어질 수밖에 없다. 수강생들이 제일 어려워한 부분이다. 구체적인 사례를 보자. 젤다 고모할머니가 늑대 소년이 죽을 수도 있는 위험한 심부름을 보내는 장면이다. 그러나 늑대소년은 그것도 모르고 여행을 떠난다는 사실에 마음이 부푼다. 본문과 번역 사례 세 개를 보자.

Aunt Zelda enveloped Wolf Boy in a patchwork hug, then she pushed him from her, and her witchy blue eyes gazed at him anxiously. "You have my note?" she said, suddenly serious.

1) 젤다는 <u>자신의</u> 누비옷으로 늑대 소년을 감싸 안았다. <u>그리고 소년을 밀치고는</u> <u>마녀 특유의 푸른 눈으로</u> 걱정스레 바라보더니 갑자기 진지한 말투로 물었다.
"내가 준 쪽지 가지고 있지?"
* 젤다가 누비옷을 입었다는 설명은 앞에서 자세히 나온다. '자신의'는 불필요하다.

2) 젤다 고모할머니가 누비옷을 활짝 펼치며 늑대소년을 껴안았다. <u>잠시 뒤 늑대소년을 밀어내며 파란 마녀 눈으로</u> 걱정스럽게 응시했다. 갑자기 심각한 어조로 물었다.
"쪽지 챙겼니?"

3) 젤다 고모할머니가 조각보 옷자락으로 늑대소년을 감싸 안았다. <u>그런 다음 소년에게서 몸을 떼고는 마녀의 파란 눈으로</u> 걱정스레 <u>소년을</u> 바라보았다.
"내가 준 쪽지 갖고 있지?" 갑자기 진지한 어조였다.
* '한 문장에서 소년'이 두 번이나 나온다. 한글은 이런 중복을 아주 싫어한다.

1, 2, 3번 모두 쉼표를 중심으로 문장을 두 개로 나누었다. 좋은 현상이다. 쉼표 뒤에 then이 있어서 연속 동작으로 만들 수 있기 때문이다. 번역 포인트는 첫째, 'then'으로 이어지는 연속동작을 살려내는 것, 둘째, 명사 하나에 형용사 세 개가 딸린 'her witchy blue eyes'를 적절하게 표현하는 것, 셋째, 세 번이나 나오는 늑대소년에서 대명사를 모두 생략해 자연스러운 한글로 만드는 거다.

젤다 고모할머니는 늑대소년을 좋아한다. '꼭 껴안았다'는 사실에서 잘 나타난다. 그래서 도제로 삼으려고 하는데, 그러려면 위험한 심부름을 다녀와야 한다. 따라서 고모할머니는 어쩔 수 없이 심부름을 보내지만, 걱정이 많을 수밖에 없다. 위 문장을 번역할 때 묻어 나와야 하는 뉘앙스다. 그렇다면 1번의 '밀치다'는 어울리지 않는다. 우리는 이럴 때 '꼭 껴안다가 앞으로 밀어내며 걱정스레 바라본다'고 한다. 그렇다면 이런 번역이 좋다. '젤다 고모할머니는 늑대소년을 누더기로 감싸며 포옹하다가 앞으로 밀어냈다.'

이번에는 'her witchy blue eyes'를 보자. 영어는 명사를 많이 써서 형용사가 발달하고 한글은 동사를 많이 써서 부사가 발달했다. 이 부분이 대표적인 사례다. 우선, 'her'는 중복이니까 빼고, 'witchy'는 "마녀 특유의"란 관용적 표현으로 돌리면 좋겠다. 그럼 'blue eyes'만 남는다. '파란 눈'이다. 둘을 합치면 '마녀 특유의 파란 눈'. 우리가 흔히 말함 직한 표현이다. 지금까지 한 것을 원문에 따라 'then' 앞에서 문장을 끊어 전체를 완성하면 된다. 중요한 건 이런 과정을 통독 단계에서 머리에 담아야 한다는 거다.

젤다 고모할머니는 늑대소년을 누더기로 감싸며 껴안았다. 그러다가 앞으로 밀어내서 마녀 특유의 파란 눈으로 걱정스레 바라보더니 갑자기 진지한 어투로 물었다.

"내가 준 쪽지는 가지고 있지?"

이렇게 해서 감싸기와 껴안기와 밀어내기와 바라보기와 묻기라는 다섯 동작을 하나로 연결했다. 그러면서 세 번이나 언급한 늑대소년은 하나로 줄었다. 그래야 독자는 연상 작용을 통해서 편하게 이해한다.

5. 미묘하게 변하는 감정을 포착하기

바로 위에 있는 본문과 그대로 이어지는 내용이다. '내가 준 쪽지는 가지고 있지?' 하고 물으니까 늑대소년이 고개를 끄덕이면서 이어지는 거다. 젤다 고모할머니는 좋아하는 아이가 아주 위험한 곳으로 가야 하니까 불안해서 안 해도 될 말을 계속하는 반면에 늑대소년은 오랜만에 도시로 나가게 되어서 아주 기쁜데 젤다 고모할머니가 이상한 말을 반복하면서 "don't you?"까지 계속 덧붙이니까 점차 이상한 느낌이 들기 시작한다. 미묘하게 변하는 감정을 잡아내는 게 당연히 포인트다. 본문과 번역 사례를 보자. (본문에다 끊어 읽기 표시를 했다.)

Wolf Boy nodded.
"You know when you must read it, don't you? Only then and not before?"
Wolf Boy nodded once more.
"You must trust me," said Aunt Zelda. "You *do* trust me, don't you?" Wolf Boy nodded more slowly/ this time. He looked/ at Aunt Zelda,

puzzled. Her eyes looked suspiciously bright.

"I wouldn't be sending you/ if I didn't think/ you could do this Task. You do know that, don't you?"

Wolf Boy nodded a little warily.

"And . . . oh, Wolf Boy, you *do* know/ how much/ I care for you, don't you?"

"Of course I do," muttered Wolf Boy, beginning to feel embarrassed—and a little concerned. Aunt Zelda was looking at him/ as though she may never see him again, he thought. He wasn't sure/ if he liked that. Suddenly he shook himself free from her grasp. "Bye, Aunt Zelda," he said.

늑대 소년은 고개를 끄덕였다.

"①그 쪽지를 언제 읽어야 하는지 알고 있지? 그렇지? ②꼭 그때만 읽어야한단다. 그전에 읽지 말고."

늑대 소년이 다시 한 번 고개를 끄덕이자 젤다 고모할머니가 ③물었다.

"④날 믿어야만 해. 나를 믿지? 그럴 거지?"

늑대소년은 이번엔 좀 더 천천히 고개를 끄덕였다. ⑤혼란스러워하며 젤다 고모할머니를 쳐다보았다. ⑥젤다 고모할머니의 눈이 이상하게 번뜩이고 있었다.

"네가 이 임무를 못해 낼 거라고 생각했으면 보내지도 않았을 거야. ⑦내가 무슨 말을 하는지 알고 있지?"

늑대 소년은 약간 ⑧긴장하며 끄덕였다.

"⑨그리고, 늑대 소년아, 널 얼마나 아끼는지 알지? 그렇지?"

"⑩물론 잘 알고 있다."

⑪늑대 소년은 점점 당황스러워져서 중얼거리며 대답했다. 약간 걱정이 되기 시작했다.

젤다 고모할머니가 자신을 ⑫두 번 다신 만나지 못할 거처럼 쳐다보는 거 같은 느낌이 들었다. ⑬딱히 마음에 들지 않았다. 불현듯 할머니 품에서 벗어나며 말했다.

"고모할머니, 잘 다녀오겠다."

미묘하게 변하는 감정이 원문에 많아서 그런지 지적할 부분 역시 많다.

① 바로 위에서 '쪽지'가 나온다. 그러면 여기에서는 과감하게 생략한다. '그'는 영어의 정관사 'the'에 해당한다. 하지만 본문은 중복을 피하려고 'it'을 썼다. 우리말에 영어가 미친 영향을 짐작하게 하는 부분이다.

② 화자의 절박하면서도 불안한 마음이 잘 나타나야 한다. 한국이라면 이런 부분에서 어떻게 표현할까?

③ 화자가 계속 묻는 중이다. 이런 장면은 영문에서 자주 나온다. 그걸 똑같이 '물었다'고 하면 중복이 심해서 지루한 느낌을 준다. 물론 영어에서는 'ask'라는 단어를 계속 사용한다. 영어는 명사보다 동사가 덜 발달했다는 증거다. 하지만 한글은 명사보다 동사가 발달했다. 따라서 '다시 물었다'라거나 '덧붙였다' 정도로 변화를 주는 게 좋다.

④ '믿으라'고 반복해서 말하며 강요하는 부분이다. 단순 반복으로 절박한 마음을 드러낸 거다. 그런데 '나를 믿지?'라는 현재형 바로 뒤에 '그럴 거지'라는 미래형이 나온다. 이럴 때는 현재형으로 시제를 통일해서 절박함을 또렷하게 드러내야 한다. 게다가 본문에

서는 부가의문문으로 화자의 심정을 계속 드러낸다. 그렇다면 'don't you?'를 살려줘야 한다. 앞에서 '그렇지?'로 했으니까 이번에도 똑같이 해야 한다.

⑤ 늑대소년은 이상한 느낌이 들기 시작한다. 그래서 '이번엔 좀 더 천천히 고개를 끄덕'인다. 바로 이런 감정으로 상대를 쳐다보는 거다. '혼란스럽다'는 표현은 너무 과하다.

⑥ 바로 앞 문장에서 늑대소년이 젤다 고모할머니를 쳐다본다. 바로 뒤에서 '젤다 고모할머니의 눈'이 또 나오는 건 심한 중복이다. 문장이 지루하면 독자는 연상능력과 상상력이 떨어진다.

⑦ 상대를 다그칠 때는 단순명쾌해야 분위기를 살릴 수 있다. 화자가 말하는 걸 상대도 알고 나도 안다면 '내가'라는 표현은 불필요하다.

⑧ 늑대소년이 이상한 느낌을 받기 시작했다. 상대가 약간 의심스러운 말을 할 때 우리는 어떻게 고개를 끄덕일까?

⑨ 화자의 절박한 심정이 극단으로 치닫는다. 원문에서는 그것을 말줄임표로 나타냈다. 생략하면 안 된다. 영어는 사물을 과학적으로 표현하는 데 익숙한 언어다. 반면에 한글은 감성적인 특성이 강하다. 따라서 영어보다 말줄임표가 많이 나오는 게 좋다. 원문에 나오는 말줄임표는 무조건 따라가라. 붙임표로 끊어지는 원문도 말줄임표로 바꿔라.

⑩ 앞에서 "너도 알고 있지, 그치?"하고 대답을 강요한다. 늑대소년은 조심스럽다. 이런 심정에서 상대의 말을 반복하며 정중하게 대답할 순 없다. '~있지'라는 진행형도 문제다.

⑪ '점점 당황스러워져서'는 피동형에 표현은 늘어진다. '당혹스런 나머지' 정도면 어떨까? 원문은 쉼표와 붙임표로 늑대소년의 애매한 심정을 드러냈다. 그대로 살려야 한다. 이럴 때 우리는 어떻게

표현할까를 생각하며……

⑫ "~하지 못 하다"는 식의 표현은 '못 하다'로 단순명쾌하게 표현하는 습관을 들여라. 후반부에 있는 '거 같은'은 구어체다. 문어체로 쓰면 이상하다.

⑬ 미묘한 감정의 흐름이 헝클어지면서 마침내 오역이 나왔다. 논리 흐름이 옆으로 샌 거다. 원문을 보자.

He wasn't sure/ if he liked that. Suddenly he shook himself free from her grasp.

다시는 못 볼 것처럼 말하는 어투에 늑대소년은 심경이 복잡하게 변한다. 늑대소년은 고아 출신이다. 할머니가 있는 건 좋지만 쓸데없는 간섭은 싫다. 그래서 다시 안 만나는 게 좋기도 하고 싫기도 하다. 복잡한 마음에 결국 '갑자기 품에서 벗어나며' 말한다. "그만 떠날게요, 고모할머니"라고. "잘 다녀오겠다"는 너무 정중하다. 등장인물의 고뇌와 갈등을 담아야 한다. 그럼 전체를 묶어보자.

늑대소년이 고개를 끄덕거렸다.
"언제 읽어야 하는지 알지, 그치? 그 전에 읽으면 안 된다
는 사실도?"
늑대소년은 한 번 더 고개를 끄덕이고 젤다 고모할머니는
이렇게 덧붙였다.
"나를 믿어야 해. 정말 나를 믿지, 그치?"
늑대소년이 이번에는 훨씬 천천히 고개를 끄덕였다. 그리
고 당혹스런 표정으로 젤다 고모할머니를 쳐다보았다. 두
눈이 이상하게 반짝거렸기 때문이다.

"이번 임무를 못할 것 같으면 나 역시 너를 안 보냈을 거야. 너도 알지, 그치?"

늑대소년이 약간 조심스럽게 고개를 끄덕거렸다.

"그리고…… 아, 늑대소년, 내가 너를 굉장히 아낀다는 사실도 알지, 그치?"

"물론이죠."

늑대소년이 중얼거렸다. 당혹감과 함께 약간 걱정스러운 느낌이 몰려들기 시작했다. 젤다 고모할머니가 자신을 두 번 다시 못 볼 사람처럼 쳐다본다는 생각이 들었다. 다행인지 아닌지 종잡을 수 없었다. 그래서 늑대소년은 고모할머니 품에서 갑자기 벗어나며 말했다.

"그만 떠날게요, 고모할머니."

3강 나무도 보고 숲도 살피자

과제물을 검토한다. 수강생들 실력이 점차 좋아지는 걸 느낀다. 뛰어난 번역이 곳곳에 등장한다. 그런데 독특한 문제가 보이기도 한다. 문장 하나하나에 집착하느라 문장이 서로 못 어울린다. 나무는 그리는데 숲이 안 나오는 거다. 이번에는 이 부분을 집중적으로 살피겠다.

1. 감칠맛 나는 문장으로 캐릭터 살리기

And after a winter spent / fattening up Wolf Boy—
and herself—closing the cupboard door was not
going to be easy.

마법사가 벽장에 들어가서 문을 닫고 마법의 지름길로 들어가려고 하는 장면에 나오는 문장이다. 겨울 동안 늑대소년을 많이 먹여서 살찌우려고 했다는 사실, 그러다가 자신까지 살이 쪘다는 여성 특유의 안타까움, 자신이 벽장에 들어가서 문을 제대로 닫을 수 있을까 하는 걱정이 떠오른다. 그러면서 벽장문을 닫으려는 싸움이 본격적으로 벌어진다. 그럼 수강생이 번역한 사례를 보자.

1) 겨울 내내 늑대소년과 자신이 살이 찌고 난 이후로는 벽장문을 닫는 것이 쉽지 않았다.
* 함께 살이 찐 건 맞는데, 뉘앙스가 다르다.

2) 겨울 이후, 늑대 소년을 살찌게 하는데 시간을 보냈고_ 고모할머니도 마찬가지였다._찬장 문을 닫는 일이 쉽지 만은 않아 보였다.
* 대시 앞에는 마침표가 들어갈 수 없다. 한글 표현도 딱딱하다.

3) 하지만 겨우내 늑대 소년을 살찌우느라 자신의 몸도 불어난 탓인지 벽장문이 잘 닫히지 않았다.
* 의미 포착은 잘 했는데, 벽장문이 안 닫힐까 하는 걱정이 안 담겼다. be going to는 가까운 미래를 의미한다.

4) 그러나 늑대 소년과 자신을 살찌우며 겨울을 보낸 후라서, 찬장문을 닫는 것이 쉽지는 않을 것이다.
* 1번에서 저지른 실수를 극복하고 3번에서 저지른 실수도 극복했는데, 표현이 아쉽다. 걱정하는 부분인데 단정을 내렸다.

5) 이번 겨울에는 늑대소년도 그렇고 젤다 고모할머니도

살이 찐 탓에 벽장문을 닫기가 여간 쉽지 않았다.

6) 그런데 늑대소년을 살찌우며 겨울을 보내는 동안 자신도
살이 찌는 통에 찬장 문을 닫기가 쉽지 않았다.

7) 하지만 겨우내 늑대소년뿐 아니라 제 자신까지 살찌우는
바람에 벽장문 닫기가 여간 쉽지 않았다.

5, 6, 7번은 따로 문제점을 기입하지 않았다. 이제 여러분 눈에도
뭐가 문제인지 보일 테니 말이다. 그렇다면 이렇게 번역하는 게 어
떨까?

그런데 겨우내 늑대소년을 살찌우는 동안 고모할머니 자신
도 살이 쪄서 벽장문을 닫기가 쉽지 않을 것 같았다.

사례를 하나 더 보자.

Perhaps she should tell her. Or perhaps not.
1) 그걸 말해야 할까? 아니면 말아야 할까?
2) 젤다에게 알려줘야겠다. 아니 그러지 않는 것이 낫겠다.
3) 아마도 말해주어야 했을까? 어쩌면 아닐지도 모르겠다.
4) 스스로에게 저주를 걸었을 것이다. 그게 아니라면 다른
   사람이 걸었을 테고.
5) 아마 그랬다면 말해줬을 것이다. 하지만 그렇지 않을
   수 도 있을 것이다.
6) 어쩌면 여왕이 젤다에게 그 사실을 말해줘야 할 것 같았다.

아니 어쩌면 해주지 않아도 될지 모른다.
7) 아마도 젤다 고모할머니는 케리스 여왕에게 말할 것이다.
아니면 하지 않을 수도 있다.

1번부터 3번은 오역은 아니지만, 본문의 맛을 정확히 못 살렸다. 4번부터는 오역이다.

오랜만에 마주친 사람이 뚱뚱하게 변한 걸 보고 유령이 혼자 생각하는 장면이다. 뚱뚱하게 변하는 마법 부적을 실수로 먹었는데 본인은 모른다고 생각한 거다. 그런데 유령은 아주 소극적인 캐릭터라는 사실이 본문에 그냥 녹아들었다. 그것까지 살려야 한다. 문장은 간단한데 뉘앙스를 살리는 게 쉽지 않다. 우선 정확하게 직역하면서 이럴 때 우리가 흔히 사용할 것 같은 말을 찾아보라.

말해야 할 것 같았다. 아니면 말고.

바로 이거다. 수강생 가운데에 출판사 편집부 직원이 있는데, 이런 말을 한다.

"작가 선생님들이 보낸 원고를 보면 어색한 표현이 참 많다. 그런데 내가 과제물을 직접 번역하고 나니까 그 심정을 이해할 것 같다."

그렇다면 한글 실력도 좋고 영어 실력도 좋은데 번역하면 어색한 표현이 나오는 이유가 무얼까? 첫 번째는 독해 방식으로 영어를 공부하던 습관이 남았기 때문이다. 이것은 노력으로 극복해야 한다. 둘째는 본문의 흐름을 제대로 이해 못 해서 그럴 수 있다. 본문의 흐름 속에서 문장을 바라보아야 하는데, 문장 하나에, 혹은 문법 문제에 너무 집착하는 거다. 문학서적에 담긴 이야기는 '논리의 흐름'이다. 그걸 파악하는 데 초점을 맞춰야 한다. 문장 하나하나를 파악하면서 각각의 문장이 서로를 끌어당기는 걸 파악하는 거다. 그걸 놓치면 번역이 아니라 창작을 하게 된다.

셋째는 '오픈 마인드'가 아닌 거다. 자신의 한계로 본문을 바라보는 거다. 하지만 작품에서는 다양한 상황이 일어난다. 자신의 경험과 비슷한 부분도 있고 완전히 다른 부분도 있다. 작품을 정확히 이해하려면 작가의 눈으로 보려는 노력이 필요하다. 있는 그대로 보는 거다.

넷째는 원문의 노예 상태에서 못 벗어나기 때문이다. 하기야 번역을 하다 보면 당연히 원문의 노예가 될 수밖에 없다. 그러다 보면 주어와 목적어와 보어, 소유격 "~의", 지시대명사, 복수형, 수동태, 이중 삼중 형용사 등, 영어에선 당연해도 한글에서는 안 쓰는 표현이 아주 딱딱하게 나온다. 한글이라는 탈을 쓴 영어가 되는 거다. 그게 마음에 안 들어서 의역하다 보면 오역으로 나아간다. 하지만 원문의 노예를 극복할 방법이 없는 건 아니다. 첫째는 번역하기 전에 가장 편안한 상태에서 본문을 자세히 보며 통독하는 거다. 머릿속으로는 '같은 상황을 한국에서는 어떻게 표현할까?' 편하게 생각하면서 말이다. 그래서 나중에 본문과 대조하면서 한글로 옮기는 거다. 둘째는 초역을 끝낸 후, 한글의 노예가 되어서 영어색깔을 벗겨내야 한다. 자신이 작업한 원고를 검토해서 어색한 부분을 수정하는 거다. 물론 이해가 안 가는 부분은 원문과 대조해야 한다. 두 가지를 잘하면 원문의 노예에서 벗어나, 한글의 노예에 충실한 번역가가 될 수 있다.

이번에는 약간 기다란 사례를 보자. 문장 하나하나가 감칠맛을 내면서 서로 끌어당기는 걸 보려면 본문이 길어야 하니 말이다. 여기에서는 독특한 캐릭터 두 명이 부닥치는 걸 보는 게 중요하다.

"Wait!" she shouted, speeding her pace. *"Wait!"* But her voice was drowned out as, on the other side of the trees, Spit Fyre brought his wings down and a great rush of air set the fir trees swaying. Puffing and wheezing, Aunt Zelda stopped to catch her breath. It was no good, she thought, she wasn't going to make it. That dragon was going to fly off any minute now, taking Septimus with him.

"You all right, miss?" a small voice somewhere below her elbow inquired anxiously.

"Uh?" gasped Aunt Zelda. She looked around for the owner of the voice and noticed, just behind her, a small boy almost hidden behind a large wheelbarrow.

"Can I help or anything?" the boy asked hopefully. Barney Pot had recently joined the newly formed Castle Cubs and needed to do his good deed for the day. He had at first mistaken Aunt Zelda for a tent like the striped one on the landing stage and was now wondering if she was perhaps trapped inside a tent and had stuck her head out of the top to ask for help.

젤다 고모할머니가 급히 사람을 만나야 하는데 누비이불 같은 옷을 입어서 제대로 움직일 수 없다. 그런데 어떤 아이가 다가와서 도와주겠다고 하는 장면이다. 번역 사례를 보자.

"기다려! 기다려!"

젤다 고모할머니가 발걸음을 재촉하며 소리쳤다. ①그러나 이내 소리는 묻히고 말았다. 스펏 파이어가 나무 반대편

에서 날개를 아래로 퍼덕이자 세찬 바람이 <u>전나무를 흔들었</u>
<u>다</u>. 젤다 고모할머니가 ②<u>쌕쌕 소리를 내며 헐떡이다가 거친</u>
<u>숨을 고르기 위해 멈춰 섰다</u>. ③<u>이래 봐야 소용없다는</u>, 제때
도착하지 못할 <u>것이라는</u> 생각이 들었다. 금방이라도 용이
셉티무스를 태우고 날아갈 것 같았다.
　④<u>"괜찮으세요?"</u>, miss?
　팔꿈치 아래쯤에서 작은 목소리가 걱정스레 물었다.
　⑤<u>"뭐라고?"</u> Uh?
　젤다 고모할머니가 <u>숨을 몰아쉬었다</u>. gasped 목소리 주
인을 찾아 주위를 둘러보다 등 뒤 커다란 손수레에 거의 가
려진 자그마한 아이를 발견했다.
　<u>"도와드릴까요?"</u> Can I help or anything?
　아이가 <u>기대에 찬 목소리로</u> hopefully 물었다. 바니 파
트는 새로 결성한 ⑥<u>캐슬 컵스</u>에 가입한 지 얼마 안 되는
터라 <u>그날의 선행을 할 필요가 있었다</u>. 처음에는 젤다 고모
할머니를 나루터에 ⑦<u>쳐진</u> 줄무늬 텐트쯤으로 착각했지만,
지금은 텐트에 갇힌 채 머리만 내밀고 도움을 청하는 <u>것이라</u>
<u>고 짐작했다</u>. wondering

　수강생이 제출한 과제물을 검토하면서 첨삭한 내용이다. 줄을 치
거나 영문 표기를 한 부분은 본문 뉘앙스를 못 살렸거나 이상한 부분
이다.

　젤다 고모할머니는 셉티무스를 만나려고 바삐 뛰어가는데 누비이
불 같은 옷을 입어서 몸이 말을 안 듣는다. 그런데 셉티무스를 태운
드래곤은 날개를 퍼덕이며 금방이라도 하늘로 날아오르려고 준비한
다. 그래서 "기다리라"고 소리치는데 날갯소리에 묻히고 만다. 그런
데 어린아이가 그걸 본다. 처음에는 줄무늬 천막인 줄 알았는데,
다시 보니 어떤 여자가 천막에 갇혀서 '살려 달라'고 소리치는 것처
럼 보인다. 아이는 이제 됐다고 생각한다. 보이 스카우트에 가입해서

하루에 하나씩 착한 일을 해야 하기 때문이다. 그런데 아이는 겁도 많다. 그래서 젤다 고모할머니한테 살며시 다가가 커다란 손수레 뒤에 숨어서 "괜찮으세요, miss?"하고 묻는다. 보이 스카우트에서 여자 선생님을 "miss"라고 부르니 말이다.

그런데 miss는 아가씨란 뜻도 있다. 어린아이가 '아가씨'라고 부르면 할머니 기분이 어떨까? 그렇지 않아도 숨이 가쁜 할머니가 그 말을 듣고 깜짝 놀라는 장면이다.

본문 뉘앙스라는 측면에서 1번에서 7번까지 차례대로 검토해 보자.

> ① 그러나 이내 소리는 묻히고 말았다. 스핏 파이어가 나무
> 반대편에서 날개를 아래로 퍼덕이자 세찬 바람이 전나무를
> 흔들었다.

스핏 파이어의 거대한 몸짓과 힘 그리고 젤다 고모할머니의 답답한 심정을 말하는 내용이다. 그런데 문장이 한눈에 안 들어온다. 문장을 보는 순간에 영상이 떠올라야 하는 데 말이다. 두 문장이 따로 놀기 때문이다. 제일 먼저 걸리는 건 "그러나 이내 소리는 묻히고 말았다"다. 이내는 '금방'이란 의미의 부사니, 동작을 나타내는 동사 앞으로 오는 게 좋다. 명사 앞에 나오면 명사를 수식하는 형용사처럼 보일 수 있다. '이내'를 뒤로 빼서 "그러나 소리는 이내 묻히고 말았다"고 하면 일단 이 문제는 해결할 수 있다. 동작을 수식하는 부사는 바로 동사 앞에, 그리고 연속하는 동작은 순서대로 표현하도록 노력하는 게 좋다.

그런데 1번에 해당하는 본문은 내용이 약간 다르다.

But her voice was drowned out as, on the other side
of the trees, Spit Fyre brought his wings down and
a great rush of air set the fir trees swaying.

다시 번역해 보자.

하지만 그 소리는 <u>완전히</u> 파묻히고 말았다. 전나무 건너편
에서 스핏 파이어가 날개를 내리는 순간에 거대한 돌개바람
이 일어나며 나무를 흔들었기 <u>때문이다</u>.

'완전히'는 'was drowned out'이라는 과거분사에 담기고 '때문
이다'는 'as'에 담겼다.

② <u>젤다 고모할머니가 쌕쌕 소리를 내며 헐떡이다가 거친
숨을 고르기 위해 멈춰 섰다.</u>

대충 그 뜻은 알겠다. 그렇다면 이럴 때 한국에서는 뭐라고 표현할
까? 본문은 아래와 같다.

Puffing and wheezing, Aunt Zelda stopped to catch
her breath.

'Puffing'은 숨을 헐떡거린다, 'wheezing'은 숨을 쌕쌕거린다는
뜻이다. 그래서 "쌕쌕 소리를 내며 헐떡이다가"라고 표현한 거다.
하지만 우리말에서는 "가쁜 숨을 헐떡인다"라고 하거나 "호흡이 너
무 가빴다"는 정도가 보편적이지 않을까? 그렇다면 크게 두 가지로

표현할 수 있겠다.

> * 젤다 고모할머니는 가쁜 숨을 헐떡거리며 호흡을 가다듬
>   으려고 걸음을 멈췄다.
> * 젤다 고모할머니는 거친 숨을 몰아쉬며 뜀박질을 멈췄다.
>   호흡이 너무 가빴다.

여러분 눈에는 어떤 게 좋게 보이는가? 영어에 있는 쉼표를 한글에서는 마침표로 사용하면 좋을 때가 많다. 뜀박질은 젤다 고모할머니 동작을 적극적으로 받아낸 표현이다.

> ③ 이래 봐야 소용없다는, 제때 도착하지 못할 것이라는 생각
>   이 들었다.

이 부분은 본문에 담긴 뉘앙스를 한글로 멋있게 살렸다. 하지만 옥에 티가 있다. "이래 봐야 소용없다는"이란 표현은 간결해서 속도감이 살아난다. 그런데 '~하지 못할 것이라는' 표현은 아니다. 쭉 읽다 보면 장형부정에다 '것이라는'이 걸린다. 앞이랑 뒤가 운율이 안 맞는 거다.

> 이래 봐야 소용없다는, 제때 도착을 못 할 거라는 생각이
> 들었다.

앞이랑 뒤랑 운율을 맞추면 위와 같이 된다.

> ④ "괜찮으세요?"

원문의 "miss"란 호칭이 빠졌다. 물론 호칭을 빼는 게 자연스러울 때가 있다. 하지만 여기에서는 어린아이와 젤다 고모할머니의 미묘한 관계를 나타내는 데 꼭 필요한 표현이다. "괜찮으세요, 아주머니?" 정도가 좋을 것 같다.

⑤ "뭐라고?"
젤다 고모할머니가 숨을 몰아쉬었다. 목소리 주인을 찾아
주위를 둘러보다 등 뒤 커다란 손수레에 거의 가려진 자그마
한 아이를 발견했다.

어린아이는 '선생님'을 부를 때 사용하는 'miss'란 호칭이 익숙하고 젤다 고모할머니는 그걸 '아주머니'란 호칭으로 들으면서 깜짝 놀란 거다. 그래서 숨을 헐떡이며 "엉?" 하고 묻는다. 그렇다면 이 정도가 어떨까?

"엉?"
젤다 고모할머니는 깜짝 놀랐다. 이리저리 둘러보며 목소리
주인공을 찾다가 바로 뒤에, 커다란 외바퀴 손수레 뒤에 살
짝 숨은 조그만 소년을 발견했다.

⑥ 캐슬 컵스는 여기에 처음이자 마지막으로 나오는 단체다. 보이 스카우트 같은 거다. cubs는 '강아지' 정도의 뉘앙스로 어린이를 의미하는데, 미국에는 이런 단체가 많다. 하지만 한국은 아니다. 그렇다면 독자가 익숙한 표현으로 바꿔야 한다. 그런데 여기에 나오는 어린아이는 사내다. 그렇다면 "보이 스카우트" 정도가 좋겠다. 원문대로 표현하는 건 독자를 복잡하게 만들 뿐이다.

⑦ <u>쳐진 줄무늬 텐트</u>쪽으로

"쳐진"이란 수동태는 능동태로 "텐트"라는 외래어는 한글로 고쳐야 하겠다. "쪽"이라는 표현은 원문을 보면 의미가 약간 다르다. 이렇게 번역하는 게 좋을 것 같다.

처음에는 젤다 고모할머니를 강변 착륙장에 있는 줄무늬 천막이랑 비슷한 물건으로 착각했으나 다시 쳐다보니 아주머니가 천막에 휘감긴 채 머리만 내밀고 살려달라고 소리치는 것 같았다.

그럼 전체를 모아보자.

"기다려! 기다려!"
젤다 고모할머니가 소리치며 급히 뛰어갔다. 하지만 그 소리는 전나무 건너편에서 스핏 파이어가 날개를 내리는 순간 거대한 돌개바람이 일어나며 전나무를 흔드는 소리에 묻히고 말았다. 젤다 고모할머니는 거친 숨을 몰아쉬며 뜀박질을 멈췄다. 호흡이 너무 가빴다. 이래 봐야 소용없다는, 제때 도착하지 못할 거라는 생각이 들었다. 드래곤이 지금이라도 셉티무스를 태우고 순식간에 날아오를 것 같았다.
"괜찮으세요, 아주머니?"
조그만 목소리가 젤다 고모할머니 팔꿈치 밑에서 걱정스러운 어투로 물었다.
"엉?"

젤다 고모할머니는 깜짝 놀랐다. 이리저리 둘러보며 목소리 주인공을 찾는데 바로 뒤에, 커다란 외바퀴 손수레 뒤에 살짝 숨은 조그만 소년이 보였다.

"제가 도와드릴 거라도 있나요?"

소년이 기대 어린 표정으로 물었다. 바니 팟은 최근에 보이 스카우트에 가입한 터라 하루에 하나씩 좋은 일을 해야 한다. 처음에는 젤다 고모할머니를 강변 착륙장에 있는 줄무늬 천막이랑 비슷한 물건으로 착각했으나 다시 쳐다보니 아주머니가 천막에 휘감긴 채 머리만 내밀고 살려달라고 소리치는 것 같았다.

2. 주어로 나타난 대명사 생략하기

서양은 물질을 주어로 삼을 정도로 중시하고 그래서 소유개념과 물질을 묘사하는 형용사가 발달하더니 결국에는 추상명사까지 주어로 등장하게 되었다. 주어가 너무 많아서 꼭 표시해야 하는 배경이다. 그런데 표현의 다양성까지 살려야 하니까 반복하는 주어에 변화를 주는 차원에서 대명사까지 발달했다. 하지만 우리 조상은 정신세계를 중시해서 '너, 나, 우리, 너희'를 주어로 삼았다. 주어가 너무나 당연해서 생략하는 게 습관처럼 되었다. 그러다가 영어의 영향으로 삼인칭 대명사가 생기고 명사를 중시하는 구조로 변하기 시작한다. 하지만 여전히 거치적거릴 때가 많다. 다양한 번역 사례를 통해서 여러 번 나타나는 주어나 대명사를 생략하면 한글이 얼마나 돋보이는지 살펴보자.

①*Aunt Zelda* was stuck. ②She didn't want to admit it, but ③she was. ④She was trying to go through the Queen's Way— Magykal passageway that led straight from ⑤her PARTIKULAR POISONS cupboard to an identical one in the Queen's Room in the Palace, far away in the Castle. In order to activate the Way, ⑥Aunt Zelda needed first to close the cupboard door and then open a ⑦certain drawer beside ⑧her right foot.

① 젤다는 갇히고 말았다. 인정하고 싶지 않지만, 갇혔다. 젤다는 여왕의 길을 지나가려고 했다. 여왕의 길은 젤다의 특별한 독약 벽장에서 저 멀리 궁전에 있는 여왕의 방까지 쭉 뻗어있는 마법의 길이다. 더 정확히는 젤다의 방에 있는 벽장과 동일한 여왕의 벽장까지이다. 이 길을 통과하기 위해서는 우선, 벽장문을 닫고, 젤다의 오른발 옆에 있는 특정 서랍을 열어야 한다.

2번, 3번, 6번을 생략했다. 그리고 '여왕의 길'이 반복된다. 뒤에 있는 '여왕의 길'과 2번부터 8번까지 모두 생략해서 다시 보라. 보기에 훨씬 좋지 않은가? '동일한'은 벽장에 걸리니까 벽장 앞으로 옮겨야 한다.

② 젤다 고모할머니는 꼼짝달싹 하지 못했다. 그 사실을 인정하고 싶지 않았지만, 어쩔 수 없었다. 고모할머니는 여왕의 길-그녀를 특별한 독 찬장으로부터 성에서 멀리 떨어진 곳에 위치한 궁전 안 여왕의 방 안에 있는 똑같은 곳까지

바로 이끌어 주는 마법 통로-을 통해 가려고 시도했다. 그 길을 작동시키기 위해 <u>고모할머니는</u> 우선 찬장 문을 닫은 다음에 <u>할머니</u> 오른쪽 발 옆에 있는 <u>그 확실한</u> 서랍을 열어야만 했다.

2번, 3번을 생략했다. 그런데 여기에 줄 친 표현은 없는 게 훨씬 좋다. '~에서부터' 같은 이중조사는 '~에서' 정도로 바꿔야 한다. 이것을 바꾸고 줄 친 부분을 없애서 다시 보라. 읽기가 어떤가?

③ 젤다 고모할머니가 갇혔다. 인정하기 싫지만 갇혔다. 여왕의 길을 지나가려고 애쓰는 중이었다. '특정한 독' 벽장에서 저 멀리 <u>성 안 궁전의 여왕 방</u>에 있는 <u>같은</u> 벽장으로 곧장 이어진 마법 통로였다. 여왕의 길을 작동하려면 먼저 벽장 문을 닫고 오른발 옆에 있는 <u>정해진</u> 서랍을 열어야 했다.

주어를 1번과 7번만 놔두고 모두 없앴다. 읽기가 편하지 않은가? '같은'은 '똑같은'으로 구체성을 살리고 '성 안 궁전의 여왕 방'을 한글답게 표현하면 훨씬 좋았겠다. 그런데 '여왕의 길'을 설명한다. 따라서 '여왕 방'은 '여왕의 방'으로 운율을 맞추는 게 좋다. 위에서 제기한 문제를 고려해서 번역하면 이렇게 된다.

젤다 고모할머니가 옴짝달싹도 못 했다. 인정하고 싶지 않지만 사실이다. 여왕의 길을 지나가려는 중이었다. '특별한 독약' 벽장에서 멀리 떨어진 궁전으로, 여왕의 방에 있는 똑같은 벽장으로, 단번에 이어지는 마법 통로였다. 여왕의 길을 움직이려면 벽장에 들어가서 문을 닫고 오른발 옆에 있는 서랍을 열어야 한다.

우리가 한글을 떳떳하게 사용한 기간은 70여 년에 불과하다. 한문에, 일어에, 영어에 짓눌리면서도 한글은 지금까지 꿋꿋하게 버티어 왔다. 우리말에 가장 적합하기 때문이다. 우리 몸에 박힌 '언어 DNA'는 한글이라, 어떤 외국어를 배우든 한글에 근거할 수밖에 없다. 한글을 제대로 알아야 자신과 주변 세계도 올바로 이해할 수 있다는 뜻이다.

물론, 나 역시 처음에는 한글을 무시한 채 영어를 공부했다. 그리고 번역생활을 하면서 수많은 벽에 부닥쳤다. 번역생활 25년에 들어서면서 한글 공부를 본격적으로 시작했다. 오랫동안 100여 편이 넘은 논문과 서적을 탐독했다. 그리고 한겨레 번역 강의를 시작하면서 정리작업에 들어갔다. 오랜 숙제 하나를 이제 드디어 마무리하는 것 같아서 마음이 홀가분하다. 하지만 한글은 여전히 미완성이다. 셰익스피어가 영어를 정립했다면, 우리에게도 한글을 정립할 인재가 필요하다. 이 책이 조금이라도 디딤돌 역할을 하면 좋겠다. 그래서 한글 시대를 본격적으로 펼치는 데 조금이라도 이바지하면 좋겠다.

나 역시 전문 번역가를 비롯해 학계에서 한글과 영어의 특징 및 차이를 연구하고 정리한 문건에서 정말 많은 도움을 받았다. 두 언어를 동등하게 인정하고 한글 특징에 근거해서 영어 표현 방식을 찾으려는 노력은 우리 사회를 발전시키는데 아주 중요한 요소일 수밖에 없다. 앞으로도 다양하게 진행할 노력에 미리 박수를 보내며, 지금까지 참고한 내용을 소개한다.

참고 문헌

논문)

국립국어연구원 1994 '영어-우리말 번역의 언어학적 연구'

김미라 2009년 '우리말 속에 사용되고 있는 일본어에 관한 연구'

김인균 2004 '우리말과 영어의 명사 형성 접미사 비교 및 대조' 이중언어학 제24호

김정우 2005 '한국 번역사 논의의 전제'

민현식 '국어의 시상과 시간부사-시제, 상, 서법의 3차원 해석론'

강형석 '영어통사론의 실용적 이해'

김지원 2007 '전망을 위한 한국 번역사 재조명' 동서비교문학저널제 17호

유명우 2002 '한국 번역사 정리를 위한 시론' 번역학연구 제3권 1호

윤주희 2011 '최신 특수교육 번역 분석: 번역투 유형과 가독성 개선 전략'

곽성희 2002 '영한번역에 나타난 결속구조 전환양상' 번역학연구 제3권 1호

곽은주/김세정 2010 '숫자 수량 표현의 영한 번역 문제' 번역학연구 제11권 2호

곽은주/진실로 2011 '텍스트 차원에서의 복수표현의 영한번역전략' 번역학연구
    제12권 1호

김도훈 2008 'Colon(:)의 기능, 용례 및 영한 번역시 번역전략' 번역학연구 제3
    권 1호

김도훈 2010 '대시와 줄표의 비교 및 영한 번역 전략' 번역학연구 제11권 3호

김도훈 2011 '영어 문장부호 Semicolon(;)의 기능 및 영한 번역 전략' 통역과
    번역, 13

김도훈 2007 '영한 번역시 나타나는 영어 문장부호 대시(Dash)의 변이 양상 및
    번역전략 고찰' 이중언어학 제35호

김도훈 2009 '영한 번역시 발생하는 번역투에 대한 고찰' 통역과 번역

김도훈/최은식 '우리말-영어 감정 은유의 개념화 과정 및 한영 번역' 영어영문학
    21 제24권 3호

이승아 2012 'Be being + 서술 형용사' 구문의 영한번역전략: 영한 병렬 코퍼스
    를 활용한 분석, 번역학연구 제13권 4호

이은숙 '문화적 차이에 따른 한/영 언어 비교 연구: 경어법을 중심으로'

이영옥 2000 '우리말과 영어간 구조의 차이에 따른 번역의 문제 - 수동구문을
    중심으로'

김순미 2002 '영한번역에서의 은유법 연구' 번역학연구 제3권 2호

원은하 2011 '영한번역에서 구조적 중의성의 처리 전략'

윤재학 2009 '번역에서의 개념공간과 의미지도 이론연구: 소유구문 영한번역의
    경우 번역학연구 제10권 3호

이영옥 2001 '무생물주어 타동사구문의 영한번역'

이영옥 2002 '우리말과 영어간 언어구조의 차이에 따른 번역의 문제 -인용문의 번역을 중심으로' 번역학연구 제3권 1호

이창수 2006 '영한 번역에서의 동사성 체계 변화 연구 - 무생물 주체를 중심으로' 국제회의 통역과 번역, 8(1)

조의연 2012 '사람명사 복수표현의 영한번역전략에 대한 비판적 소고' 번역학연구 제13권 1호

조의연 2011 '영한 번역과정에 나타난 외축의 명시화: 비대칭 'and' 접속 구문의 화용의미 분석' 번역학연구 제12권 2호

조인정 2005 '영한 번역의 문제점: 수동태를 중심으로' 번역학연구 제6권 1호

진실로 2010 '영한 번역에서의 신체언어 번역 전략' 번역학연구 제11권 1호

최진실/박기성 '영한번역에서 나타나는 to 부정사와 동명사의 의미적 번역 패턴에 대한 연구'

신유진 2010 '영어 번역투 문장 다시 써 보기를 통한 국어 문장 쓰기 지도 방안 연구'

한미선 2011 '금기 비속어의 영한 번역연구 격식 변화양상을 중심으로'

박상민 2014 '우리말과 영어에 나타나는 강조표현과 영한번역 기법'

최미람 2012 '한-영 번역 기초방법 제안'

김정우 2003 '국어 교과서의 외국어 번역투에 대한 종합적 고찰'

장현미 '영어 관계절과 우리말 번역문의 기능 문법적 접근'

김정우 2008 '영어 복수 표현의 우리말 번역에 관한 종합적 고찰' 번역학연구 제14권 4호

김도훈 2014 '한영 의성어/의태어 비교 및 번역 기법' 번역학연구 제16권1호

권은희/성초림 '소설 속 대화문에 나타나는 우리말 문장종결 어미 번역의 문제' 번역학연구 제15권2호

강신항 '일본어 투 순화 실태와 문제점'

김광해 1995 '조망-국어에 대한 일본어의 간섭'

오카와 다이스케 '우리말과 일본어의 영어 외래서 수용 양상과 변천에 관한 연구'

현승환/오창명 '외국어 상용화와 국어 왜곡 현상'

김혜영, 2009 '국어 번역 글쓰기'

단행본)

이수열 '우리말 바로쓰기' 현암사, 2014

이희재 '번역의 탄생' 교양인, 2009

영미문학연구회 '영미명작, 좋은 번역을 찾아서' 창비, 2005

쓰지마 유키, '번역사 산책' 궁리 출판사, 이희재 옮김, 2001

서계인, '실전 영어 번역의 기술' 북라인, 2004